W0075904

Zwerge zum Selbermachen

Thomas und Petra Berger

Zwerge
zum Selbermachen

Verlag Freies Geistesleben

Das Werk einschließlich aller seiner Teile ist urheberrechtlich geschützt. Jede Verwertung außerhalb des Urhebergesetzes ist ohne Zustimmung des Verlages unzulässig und strafbar. Dies gilt insbesondere für Vervielfältigungen, Übersetzungen, Mikroverfilmung sowie die Einspeisung und Verarbeitung in elektronischen Systemen.

Die im Buch veröffentlichten Ratschläge wurden von Verfassern und Verlag sorgfältig erarbeitet und geprüft. Eine Garantie kann jedoch nicht übernommen werden. Ebenso ist die Haftung der Verfasser bzw. des Verlages für Personen-, Sach- und Vermögensschäden ausgeschlossen.

Jede gewerbliche Nutzung der Arbeiten und Entwürfe ist nur mit Genehmigung des Verlages gestattet. Bei der Verwendung im Unterricht und in Kursen ist auf dieses Buch hinzuweisen.

ISBN 3-7725-1874-5

1. Auflage 2000
Verlag Freies Geistesleben
Landhausstraße 82, 70190 Stuttgart
Internet: www.geistesleben.com
© 1999 Thomas und Petra Berger / Uitgeverij Christofoor, Zeist
Für die deutschsprachige Ausgabe:
© 2000 Verlag Freies Geistesleben & Urachhaus GmbH, Stuttgart
Fotos: Ernst Thomassen
Schnitte: Thomas Berger
Zwerg auf Seite 34: Francisca Rosenberg
Zwerge von Seite 50 bis 58: Oeke de Ruiter
Umschlagentwurf: Thomas Neuerer
Druck: Proost N.V., Turnhout

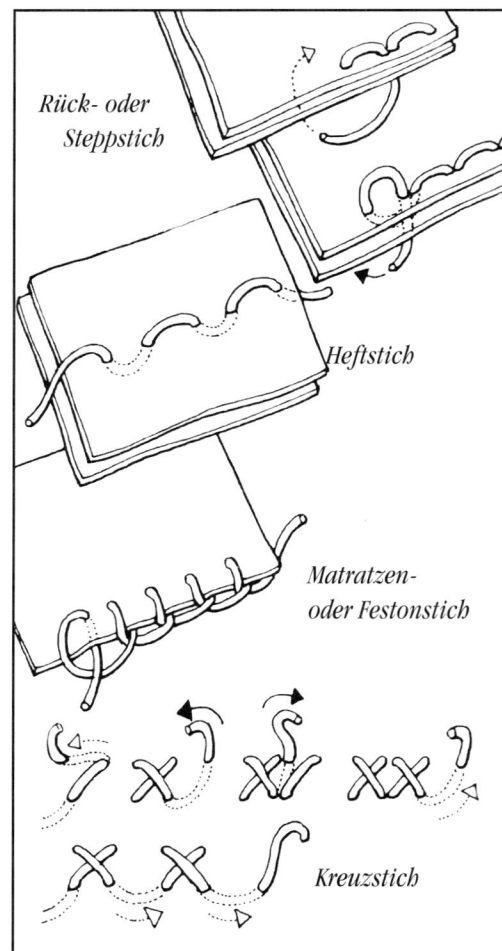

Rück- oder Steppstich

Heftstich

Matratzen- oder Festonstich

Kreuzstich

Verwendete Sticharten

Erklärung der Symbole

► benötigte Dinge

↕ Höhe

Inhalt

Vorwort

Zwerge sind Elementarwesen und für den Menschen meist unsichtbar.

Dennoch gibt es Menschen, die Zwerge wahrnehmen und beschreiben können. Häufig geschieht das in Augenblicken, wenn sie still in der Natur sitzen und den Zwergen damit Vertrauen einflößen, so dass sie sich zeigen.

Oft sind diese kleinen Wesen mit einem abgelegenen Bauernhof verbunden oder wohnen in bestimmten Landschaften – auf der Heide, in den Wäldern oder in den Bergen. Aus den Erzählungen geht hervor, dass sie sich alle in Wesen und Aussehen unterscheiden, je nachdem, wo sie wohnen. Aber es scheint doch so zu sein, dass sie alle Zipfelmützen tragen.

Zwerge sind keine kleinen Menschen; ihnen stehen nicht die gleichen technischen Hilfsmittel zur Verfügung wie uns. Sie arbeiten für die Gesundheit der Erde und unterstützen das Wachstum von Pflanzen und Tieren. In dem großen Schatz an Volksmärchen über Zwerge wird berichtet, wie Zwerge den Menschen oft still und ungesehen helfen. Es kommt auch vor, dass sie einem Menschen einen Auftrag geben.

Es gibt nicht nur gute Zwerge. Ebenso wie es in der Natur zerstörerische Kräfte gibt, kennen wir böse und habgierige Zwerge.

In diesem Buch haben wir versucht, verschiedene Zwerge zu zeigen. Man kann sie auf viele Arten herstellen, je nach Vorliebe und vorhandenem Material. Manche Zwerge sind leicht zu machen, für andere aber braucht man Zeit und vor allem auch viel Geduld. Es gibt Zwerge zum Hinstellen und Betrachten und solche zum Spielen.

Zweifelsohne gibt es noch zahllose andere Arten, Zwerge herzustellen. Wir raten dazu, nicht einfach die Modelle aus diesem Buch zu kopieren, sondern selbst aktiv zu werden und neue Zwerge zu ersinnen oder die Muster abzuwandeln.

Größen und Schnittmuster

- Um einen Eindruck von seiner Größe zu geben, ist bei jedem Zwerg die Höhe einschließlich aufrecht stehender Zipfelmütze angegeben. Bei Zwergen mit hängender Mütze ist die Größenangabe ohne Mütze zu verstehen. Man kann die Zwerge natürlich größer oder kleiner machen, indem man die Schnittmuster verändert.
- Bei den gestrickten Zwergen sind nur die schwierigeren Teile abgebildet.
- In der Praxis können die Größen der Zwerge etwas unterschiedlich ausfallen, weil die Nahtzugabe oder die Füllung anders ist. Deshalb sollte man vor dem Ausschneiden des Schnittes die Maße kontrollieren.
- Wenn nicht anders angegeben, sind die Schnittmuster maßstabsgetreu. Bei allen Stoffen außer Filz muss ringsum eine Nahtzugabe von einem halben Zentimeter berücksichtigt werden.

Thomas und Petra Berger

Abb. 1: Einfache Filzzwerge

Zwerge aus Filz

Einfache Filzzwerge ↕ 5 – 6 cm

► *Filzreste, ungesponnene Schafwolle oder Kammgarn*

Mit diesen kleinen Zwergen können Kinder wunderbar spielen. Sie sind sehr einfach herzustellen. Man kann die Unterseite offen lassen, wodurch die Schafwollfüllung sichtbar bleibt. Für ganz kleine Kinder, die gerne zupfen, schließt man die Unterseite besser mit einem Stück Filz (siehe Schnitt in Abb. 2b).

• Den Mantel des Zwerges ausschneiden. Bei Schnittmuster 2a kann man den Mantel unten gerade schneiden, man kann ihn aber auch abrunden. Natürlich sind nicht alle Zwerge gleich groß; man kann die Größe des Schnittes verändern. Dabei muss man vor allem darauf achten, dass der Kopf im Verhältnis groß genug bleibt.
• Die Naht an der Kapuze schließen (*a*) und an der angegebenen Stelle den Reihfaden einziehen.
• Ein Stück gut auseinander gepflückter Wolle in den Mantel stecken, den Reihfaden anziehen und vorne mit einem stabilen Knoten zubinden. Das Mäntelchen aus Abb. 2a kann offen gelassen oder an Naht *b* zugenäht werden; bei Abb. 2b wird die Naht *b* geschlossen.
• Für den Bart etwas Wolle aus dem Kopf herausziehen.
• An der Unterseite die überstehende Wolle abschneiden, um eine gute Standfläche zu erhalten.
• Der Zwerg nach Schnittmuster 2b wird fertiggestellt, indem man ihm von unten ein rundes Filzstück annäht, das durch ein aufgeklebtes Pappstück verstärkt ist (siehe Abb. 3).

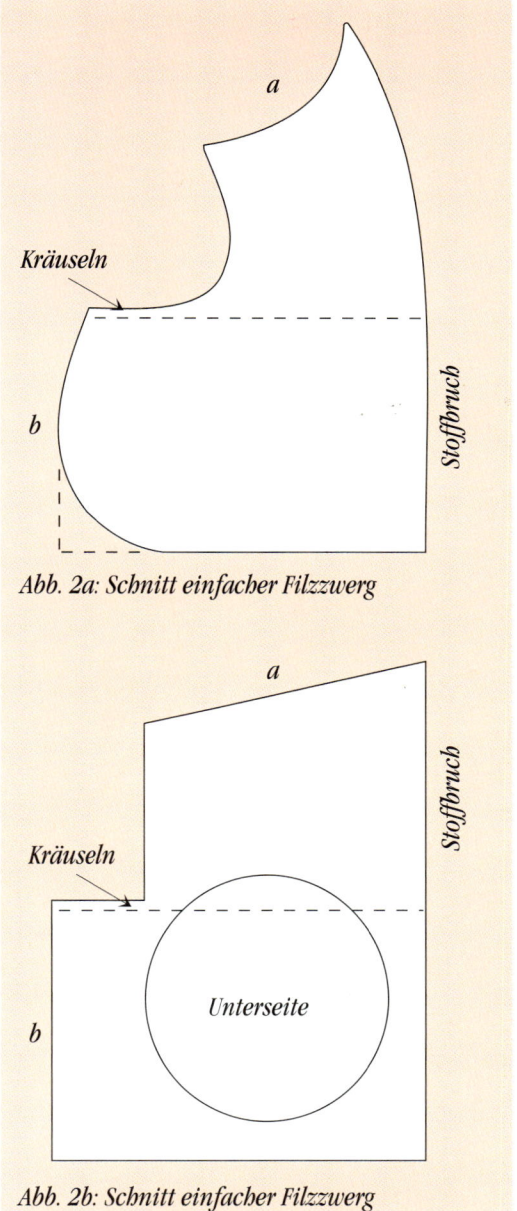

Abb. 2a: Schnitt einfacher Filzzwerg

Abb. 2b: Schnitt einfacher Filzzwerg

Abb. 3: Einfache Filzzwerge

Vorschlag:

Man kann diese Püppchen auch mit weißer oder hell gefärbter Strickwolle füllen. Hierzu die Wolle etwa zwanzigmal um vier Finger wickeln und die Schlingen in die Mütze stecken. Das Püppchen wie oben beschrieben fertigstellen.

Abb. 4: Schnitt Zwerge auf Bleistiften

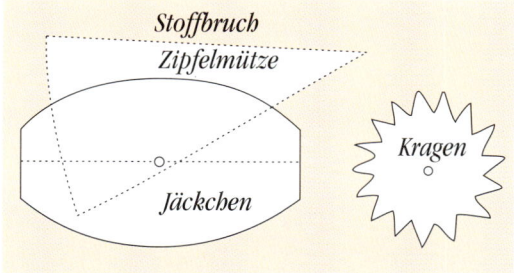

Zwerge auf Bleistiften   ↧ 8 cm

► *Filzstücke, Farbstifte, Holzperlen (14 mm), 2 kleine Perlen (3 mm), ca. 25 cm dicken Eisendraht, Klebeband.*

Ein hübscher Spielepreis für Kindergeburtstage.

• Wir stecken ein Stück Eisendraht durch das Loch der Perle und ziehen ein Ende an der Rückseite des Drahtes nach unten. Dabei ist zu beachten, dass die Perle in der Mitte des Drahtes sitzt und das Loch senkrecht verläuft. Dann werden die Drahtenden unter der Perle einige Male umeinandergedreht, so dass ein Hals entsteht.
• Die Teile des Schnittes aus Abb. 4 ausschneiden. Ein kleines Loch für den Hals in Jacke und Kragen schneiden. Erst den Kragen und dann das Jäckchen an den Eisendraht heften.

Abb. 5: Zwerge auf Bleistiften

• Ein Draht wird nach rechts und der andere nach links gebogen. Das ergibt die Arme. Auf jedes Ende bei ca. 2 cm eine kleine Perle als Hand fädeln. Die Drähte wieder zur Mitte zurückbiegen und dort einige Male umeinander drehen.

• Das Püppchen mit den Drähten über das hintere Ende des Stiftes schieben.

• Die überstehenden Drahtenden mit Klebestreifen so fest wie möglich am Stift ankleben (siehe Abb. 6). Eventuell zu langen Draht schneiden wir ab.

• Ein Stück Filz von ca. 3 x 3 cm ausschneiden und wie eine Art Köcher um den Stift und den festgeklebten Draht herumkleben.

• Die Ärmel des Jäckchens zunähen.

• Die Naht am Mützchen schließen und das Mützchen an den Kopf kleben. Eventuell ein Gesicht auf die Perle zeichnen.

Zwerge zwischen Blumen ⸦ 7 cm

▶ *Filzstückchen oder dünne Pappe, Holzperle (20 mm), ungesponnene Wolle oder Kammgarn, Schaschlikspieße (Länge ca. 20 cm).*

Diese Zwerge stehen sehr gerne zwischen den Blumen in einem Blumentopf. Man kann als Mitbringsel Süßigkeiten, Datteln, Feigen, große Rosinen oder Käsestückchen auf die Spieße stecken.

• Eine Perle mit Holzleim auf einen Schaschlikspieß oder ein anderes Stäbchen kleben. Wenn das Stöckchen wesentlich dünner ist als das Loch in der Perle, kann man zuerst ein Stück Papier um das obere Ende des Stöckchens kleben.

• Die Teile aus Abb. 8a ausschneiden. Die Kleider dieser Zwerge kann man auch aus dünnem Karton oder Tonpapier machen.

Abb. 6: Ausschnitt Zwerg auf einem Stift

Abb. 7: Zwerge zwischen Blumen

11

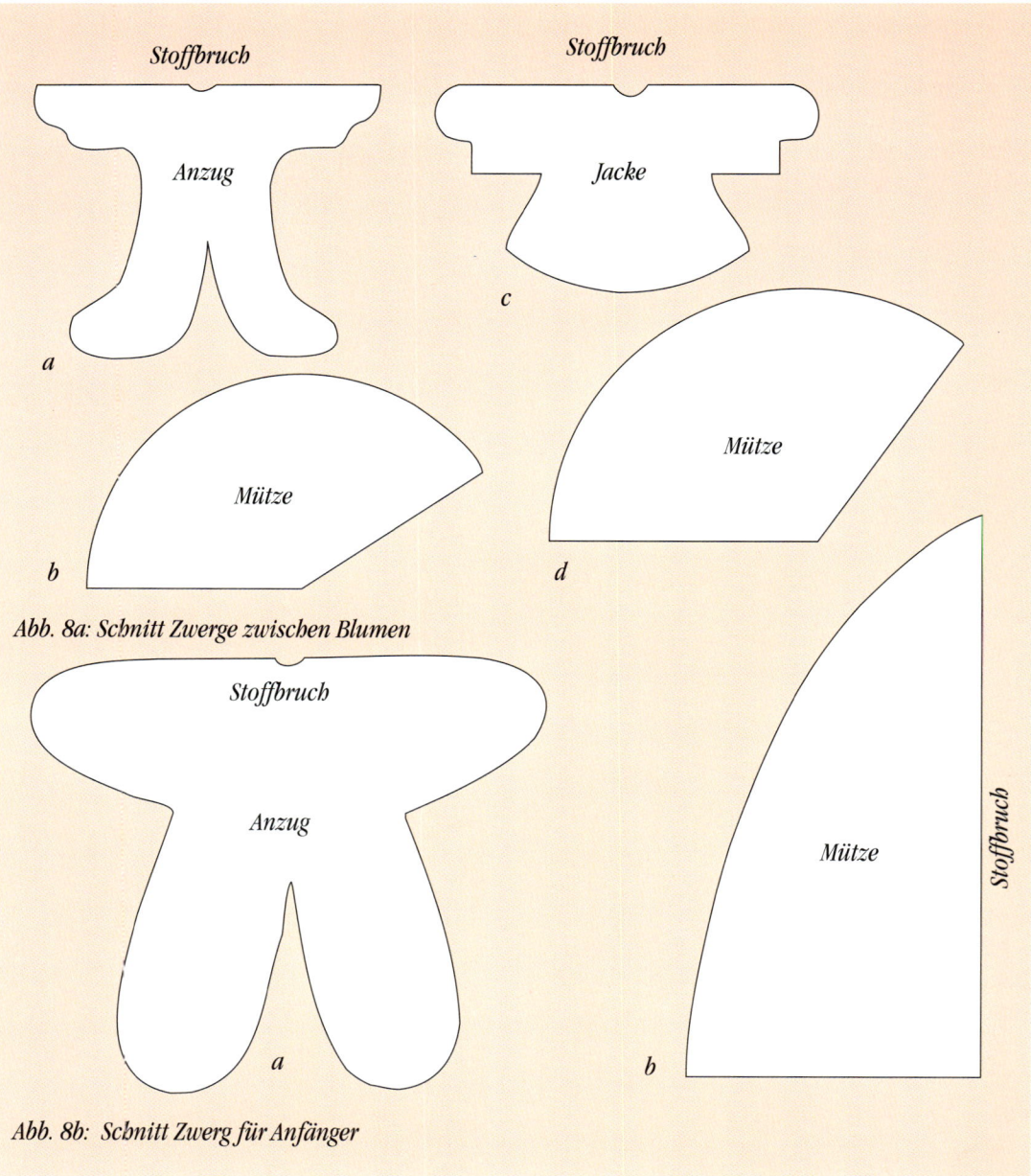

Stoffbruch

Anzug

a

Mütze

b

Stoffbruch

Jacke

c

Mütze

d

Abb. 8a: Schnitt Zwerge zwischen Blumen

Stoffbruch

Anzug

a

Mütze

Stoffbruch

b

Abb. 8b: Schnitt Zwerg für Anfänger

• Die Jacke oder den Anzug über den Spieß schieben und Vorder- und Hinterseite aneinanderkleben. Der Stock sitzt jetzt fest.

• Die Mütze auf die Perle kleben. Die Ränder liegen auf der Hinterseite übereinander.

• Etwas zerzauste Wolle, auf die Perle geklebt, ergibt Bart und Haare.

• Mit dünnen Stiften ein Gesichtchen aufzeichnen.

Abb. 9: Detail Zwerg für Anfänger

Zwerg für Anfänger ⊥ 14 cm

▶ *Pfeifenputzer (ca. 26 cm lang) oder 2 kurze Pfeifenputzer zu je 13 cm, Filz, Holzperle (24 mm), ungesponnene Wolle*

• Einen langen Pfeifenputzer doppelt biegen und die Knickstelle mit Leim im Loch der Perle festkleben (siehe Abb. 18, Seite 20). Den Leim gut trocknen lassen.

• Den Schnitt von Abb. 8b ausschneiden. Der Zwergenanzug ist aus einem Stück.

• Den doppelten Pfeifenputzer durch die Halsöffnung des Anzugs ziehen.

• Den Pfeifenputzer in der Form des Zwergenanzuges zurechtbiegen und die Beine auf die richtige Länge schneiden.

• Arme, Beine und Körper mit wenig Wolle umwickeln, wie auf Abb. 9 gezeigt.

• Den Anzug zunähen.

• Die Naht der Mütze schließen, die Mütze auf den Kopf kleben.

• Bart und Haare aus Wolle ankleben.

• Ein Gesicht aufzeichnen.

Abb. 10: Zwerg für Anfänger

Hagebuttenzwerg ↕ 8 cm

▶ *Pfeifenputzer, Filz, Holzperle (18 mm), 2 rote Perlen (6 mm), weicher roter Stoff (z. B. Trikot oder Flanell), ungesponnene Wolle, ein Stück Karton.*

Abb. 11: Hagebuttenzwerg

• Die Teile von Abb. 13 ausschneiden. Der große Kreis wird aus dem weichen Stoff ausgeschnitten. Den Rand mit einem stabilen Faden kräuseln. Den kleinen Kartonkreis in die Mitte des Stoffkreises kleben; dadurch kann der Zwerg später besser stehen.
• Ein Stück Wolle auf den runden Stoff mit der Verstärkung legen, die Reihfäden zusammenziehen und verknoten. Das ist der Körper.
• Die große Perle so aufnähen, dass das Loch vertikal verläuft. Der Faden soll an der Rückseite der Perle nach unten laufen (sozusagen in den Nacken).
• An jedes Ende eines ca. 8 cm langen Pfeifenputzers eine kleine rote Perle kleben.
• Mütze und Ärmel sind aus einem Stück. Die Naht an der Mütze schließen. Ein Stück soll offen bleiben, so dass die Mütze auf der Perle befestigt werden kann.
• Die Seiten a und b der Ärmel aufeinander legen und die Nähte entlang der äußeren 15 mm schließen (Abb. 12).
• Die Mütze auf die Perle kleben. Dann gibt man dem Zwerg Haare und Bart aus Wolle und zeichnet ein Gesicht auf die Perle.

Abb. 12: Detail Hagebuttenzwerg

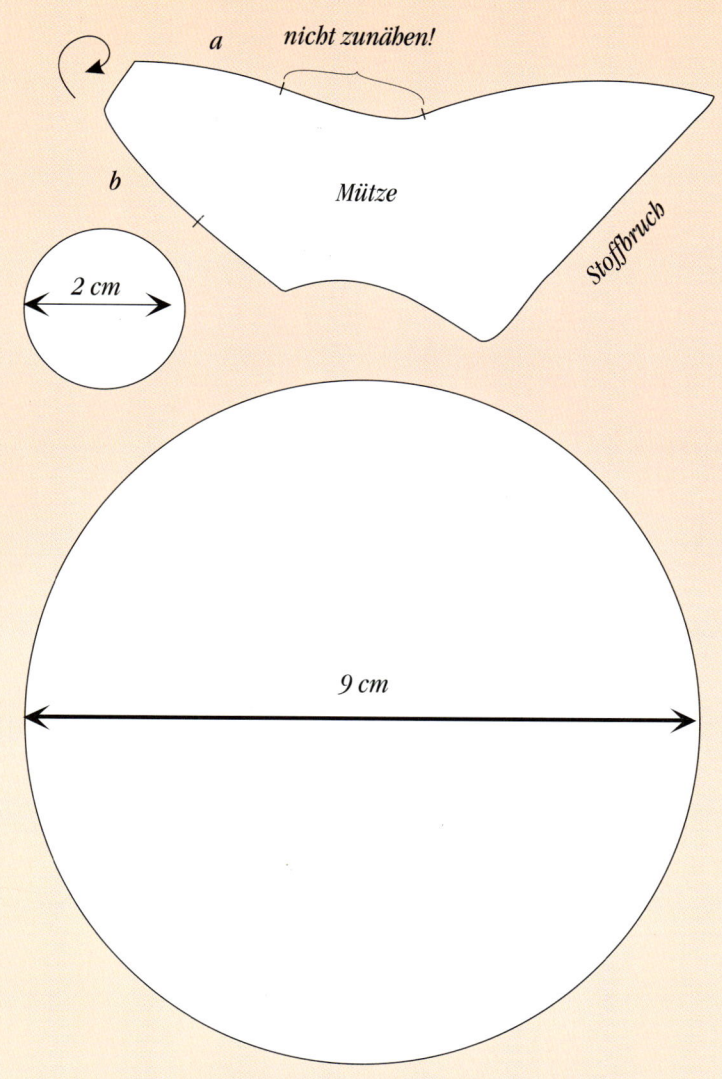

_a_

nicht zunähen!

_b_

2 cm

Mütze

Stoffbruch

9 cm

Abb. 13: Schnitt Hagebuttenzwerg

Abb. 14: Zwerg als Fingerpüppchen

Zwerg als Fingerpüppchen ↕ 12 cm

► *Pfeifenputzer, Filz, rosa Trikot, ungesponnene Wolle, Hosengummi (ca. 35 mm breit).*

• Für den Kopf ein ca. 10 x 10 cm großes Stück Trikot zuschneiden. Aus einem Stück Wolle eine feste Kugel von ca. 3 cm Durchmesser formen und in die Mitte des Läppchens legen. Den Trikotstoff um die Kugel zusammenziehen und ihn mit einem stabilen Faden am Hals zubinden. Die Unterseite gerade abschneiden. Dabei sollte der Kopf auf einer Seite möglichst wenig Falten bekommen; dort wird dann das Gesicht entstehen (siehe Abb. 56b auf Seite 54).

• Einen Schlauch aus Gummi nähen, der mühelos auf einen (kleinen) Finger gesetzt werden kann. Das ist der Körper. Dann den Kopf auf den Körper aufsetzen und annähen. Eventuell muss das Gummi an der oberen Kante etwas zusammengezogen werden.

• Die Teile vom Schnitt aus Abb. 16 ausschneiden. Den Hosenstoff in der Mitte einschneiden. Den Pfeifenputzer von 12 cm Länge auf die Hälfte zusammenbiegen und auf die Hose legen. Die äußere Hosennaht auf die innere legen und zunähen (Abb. 15).

• Die Schuhe an den Hosenbeinen festnähen und die Füße nach vorne biegen. Die Hose am Gummileib befestigen.

• Die Hände an die Enden eines 10 cm langen Pfeifenputzers nähen. Für die Ärmel ein 2 x 8 cm großes Filzstück ausschneiden und um den Pfeifenputzer herum festnähen.

• Das kleine offene Stück an der Vorderseite des Jäckchens schließen, das Jäckchen um den Körper legen, auch die hintere Naht schließen. Die Arme durch die dafür vorgesehene Öffnung im Jäckchen schieben und

Abb. 15: Detail Zwerg als Fingerpüppchen

die Öffnung so zunähen, dass die Arme fest sitzen. Die obere Kante des Jäckchens um den Hals kräuseln.

• Den Kragen mit dem Reihfaden zusammen um den Hals legen und hinten zusammennähen.

• Die Naht der Mütze schließen, dann die Mütze auf dem Kopf festnähen. Die Mütze nach hinten umknicken und mit einem Stich befestigen.

• Zum Schluss näht man einen Bart aus Wolle an und stickt Augen und Mund auf.

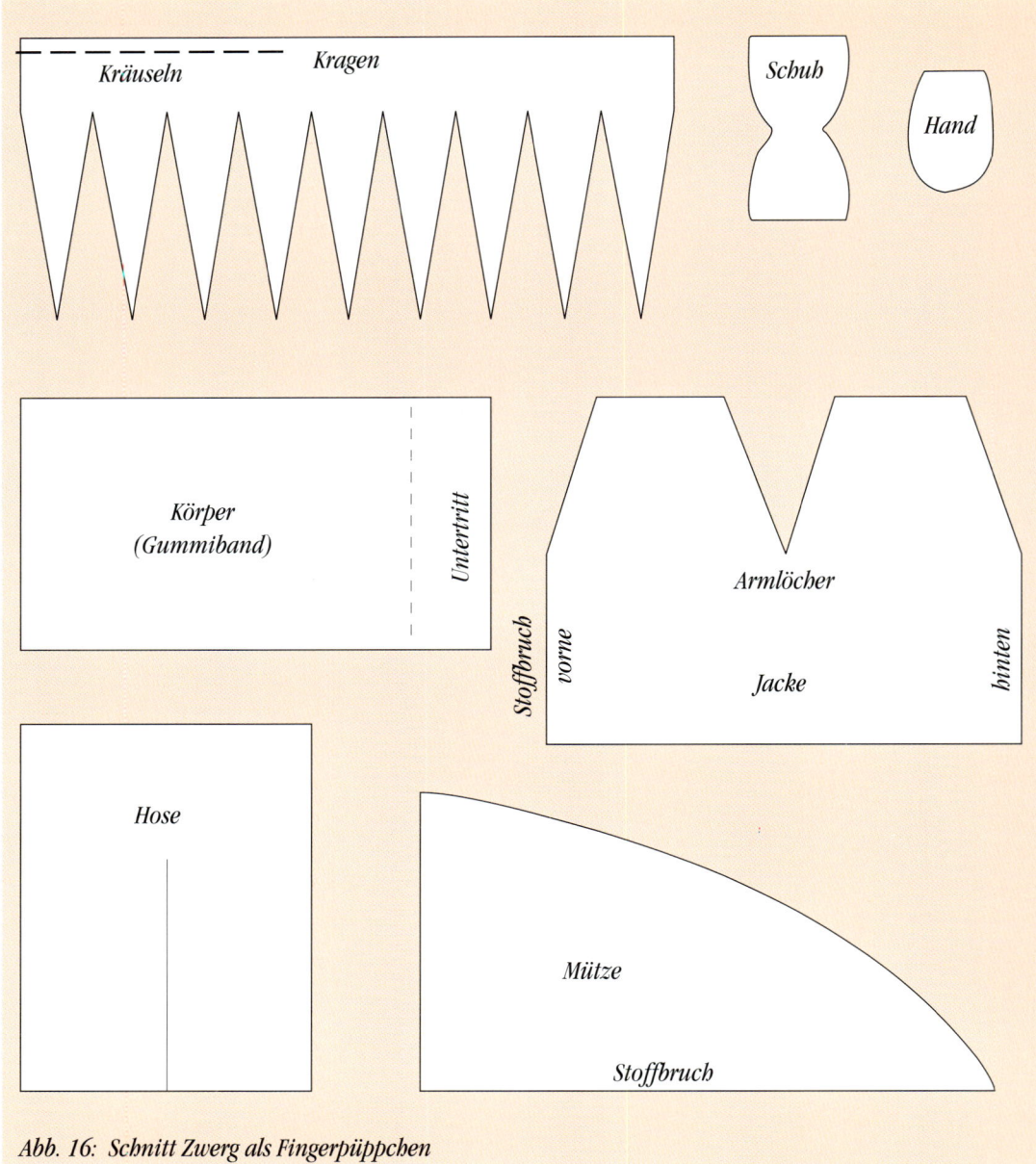

Abb. 16: Schnitt Zwerg als Fingerpüppchen

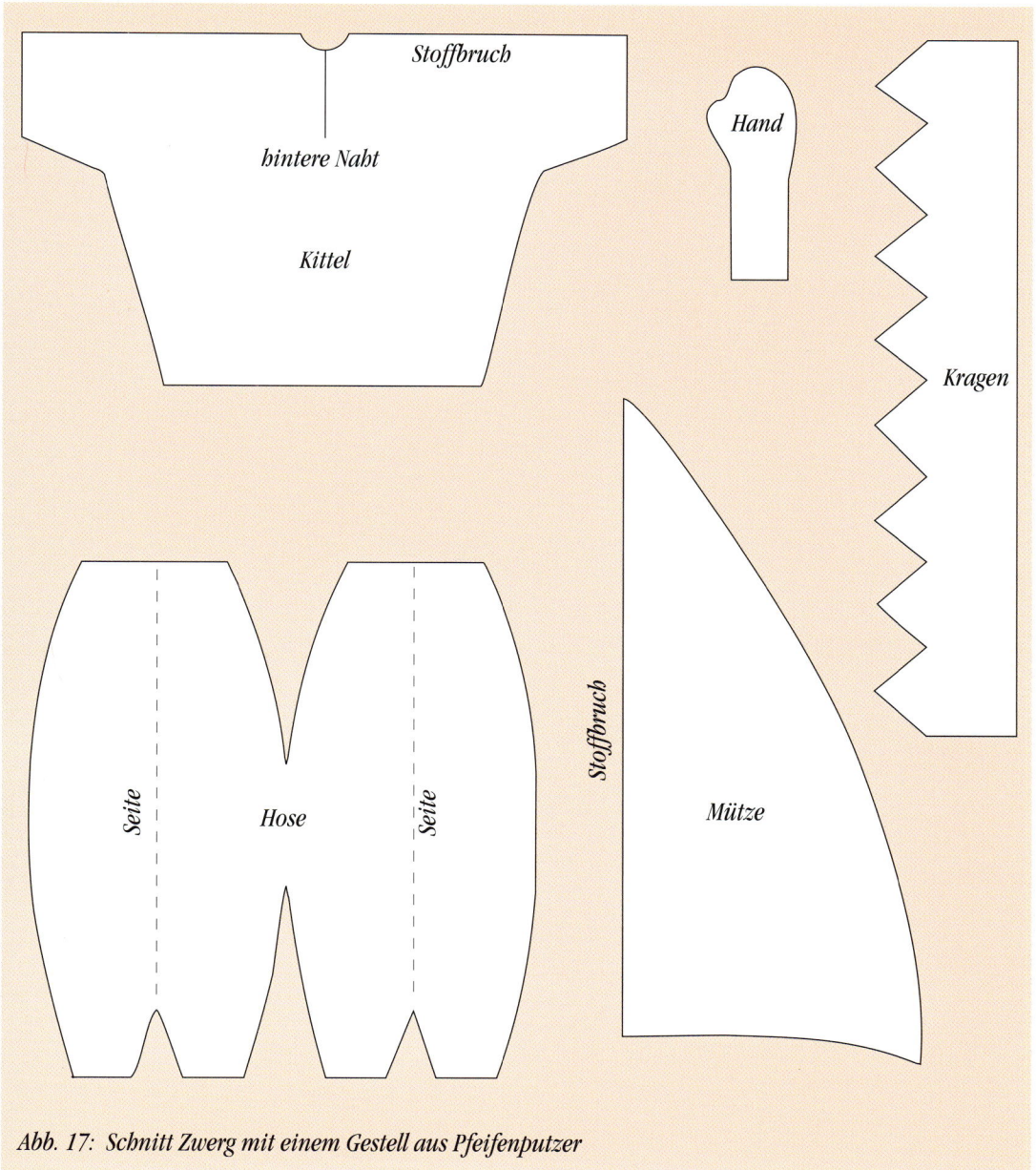

Abb. 17: Schnitt Zwerg mit einem Gestell aus Pfeifenputzer

Stoffbruch

hintere Naht

Kittel

Hand

Kragen

Seite

Hose

Seite

Stoffbruch

Mütze

Zwerg mit einem Gestell
aus Pfeifenputzer ↕ 17 cm

▶ *Pfeifenputzer, Filz, Holzperlen (eine Perle mit ca. 24 mm und zwei mit 12 mm Durchmesser), kleine Perlen zum Verzieren, ungesponnene Wolle.*

• Einen Pfeifenputzer doppelt biegen, die Knickstelle im Loch der grösseren Perle festleimen. Man kann auch zwei kurze Pfeifenputzerstücke nehmen.
• Ein zweites Stück Pfeifenputzer unterhalb der Perle waagrecht um den doppelten Pfeifenputzer herumwickeln (Abb. 18). Arme und Beine auf die richtige Länge schneiden (Abb. 17).

Abb. 18: Detail Zwerg mit Pfeifenputzergestell

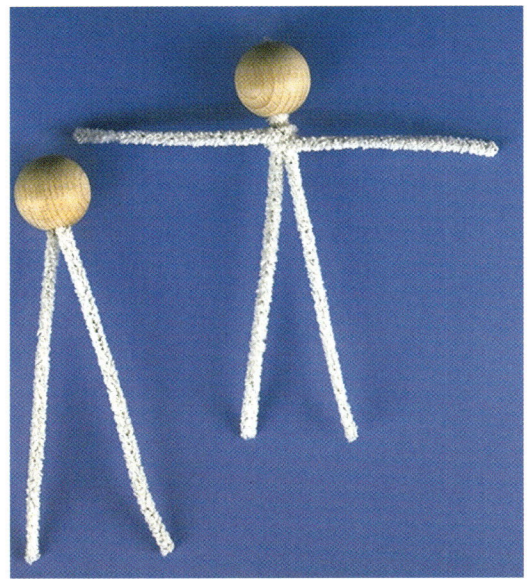

• Die Teile von Abb. 17, Seite 19, ausschneiden.
• Die Hosenbeine einschneiden. Sie reichen bis unter die Achseln. Um die Beine legen und festnähen. Dann auch alle anderen Hosennähte schließen.
• Die Händchen aufeinander nähen und an den Armen befestigen.
• Das Kittelchen um die Schultern legen und Ärmel- und Rückennaht schließen. Die Ärmel sollen an den Handgelenken etwas überstehen.
• Den Kragen um den Hals kräuseln und festnähen.
• Kragen und Kittel können mit Stickerei und kleinen Perlen verziert werden.
• Etwas Wolle als Haar und/oder Bart an den Kopf kleben. Danach die Zipfelmütze aufkleben, wobei die Naht hinten liegt.
• Als Füße werden zwei kleine Perlen unten an die Beine geklebt.

Variation:
▶ *Perlen von ca. 12 und 5 mm Durchmesser, dünner Eisendraht*

Auf Abb. 21 sind einige kleine Zwerge zu sehen, die einfacher herzustellen sind. Vor allem bei sehr kleinen Zwergen stellt man das Gerüst besser aus Draht als aus Pfeifenputzer her (siehe Abb. 20). Für die Kleider können die Schnittmuster von Abb. 17 verkleinert werden.

Abb. 19: Zwerge mit einem Gestell aus Pfeifenputzern

21

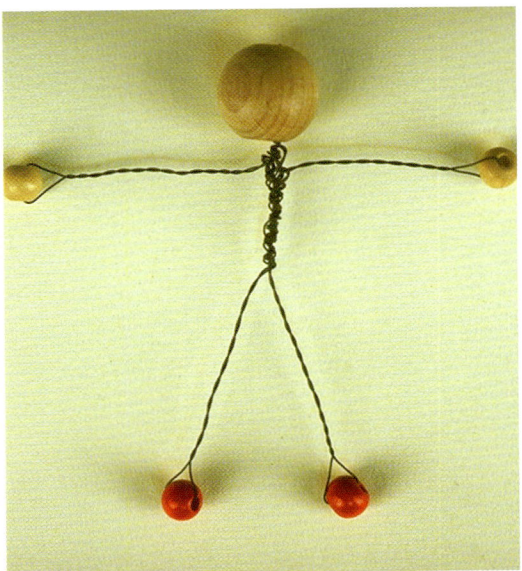

Abb. 20 / 21

Mit Strickwolle umwickelte Zwerge
↕ 10 – 12 cm

▶ *Filz, dünner Eisendraht, Perlen (14 und 6 mm),
Strickwolle, ungesponnene Wolle.*

Diese Zwerge haben ein Gestell aus dünnem Eisendraht (siehe Abb. 20).

• Ein Stück Draht abkneifen, die größere Perle auffädeln und den Draht um die Perle doppelt biegen. Dabei soll das Loch der Perle vertikal verlaufen. Die beiden Drahtenden unter der Perle einige Male umeinander biegen, um einen Hals zu bilden (siehe Abb. 20).
• Beide Drahtenden für die Arme zur Seite biegen, je eine kleine Perle auffädeln, den Draht wieder um die Perle zurückbiegen und einige Male um den hinführenden Draht herumbiegen.
• Für die Füße gilt die gleiche Vorgehensweise. Am Schluss wird das Drahtende noch einige Male um den Körper gebogen.
• Wolle um Arme und Beine wickeln, bis sie die gewünschte Dicke haben. Man kann dafür verschiedene Farben verwenden.
Die Fadenenden festnähen.

Mütze
• Die Zwerge können gestrickte oder aus Filz genähte Mützen bekommen.
• Für die gestrickte Mütze 14 Maschen auf Nadeln der Stärke Nr. 2 anschlagen. Ab der fünften Reihe je die ersten und die letzten 2 Maschen zusammenstricken, bis alle Maschen weg sind.

Mit ungesponnener Wolle umwickelte Zwerge ↕ 12 cm

▶ *Pfeifenputzer oder dünner Eisendraht, Perle (14 – 18 mm und 8 mm), gefärbte Wolle (Märchenwolle).*

Diese Zwerge aus Wolle sind eher zum Anschauen gedacht, da sie zu empfindlich sind, um mit ihnen zu spielen.

• Ein Gestell aus Draht oder Pfeifenputzer, wie im vorigen Abschnitt beschrieben, herstellen, dabei aber ein Stück Pfeifenputzer oben an der Perle herausstehen lassen.
• Die Wolle sehr fein auseinander zupfen und um das Gestell herumwickeln. Mit Händen und Füßen beginnen. Hier etwas Wolle überstehen lassen, so dass nachher die Kleider ebenfalls darüber gelegt werden können. So werden Körper und Mütze Schicht für Schicht aufgebaut. Je dünner und zahlreicher die Schichten sind, umso stabiler wird der Zwerg.
• Haare und Bart ankleben.
• Ein Gesicht auf die Perle zeichnen.

Variation:
• Statt aus Wolle kann man Hände und Füße auch aus kleinen Perlen machen.

Abb. 22: Mit Wolle umwickelte Zwerge

Graszwerg ↕ 21 cm

▶ *3 Pfeifenputzer von je 15 cm. Länge, Filz (verschiedene Grüntöne, Weiß für den Bart), Holzperle (25 mm), Wolle oder Watte.*

• Das Gerüst aus Pfeifenputzer wie in Abb. 18 auf Seite 20 gezeigt herstellen.
• Die Teile von Abb. 23 ausschneiden. Die Hose des Zwerges reicht von den Füßen bis unter die Achseln und besteht aus zwei einzelnen Hosenbeinen. Die Hosenbeine um die Pfeifenputzerbeine herumnähen, auf Hüfthöhe übereinander. Unten etwa 3 cm Pfeifenputzer für die Schuhe herausschauen lassen.
• Das Kittelchen über den Kopf ziehen; der Schlitz soll dabei hinten liegen. Die Nähte von Ärmeln, Seiten und

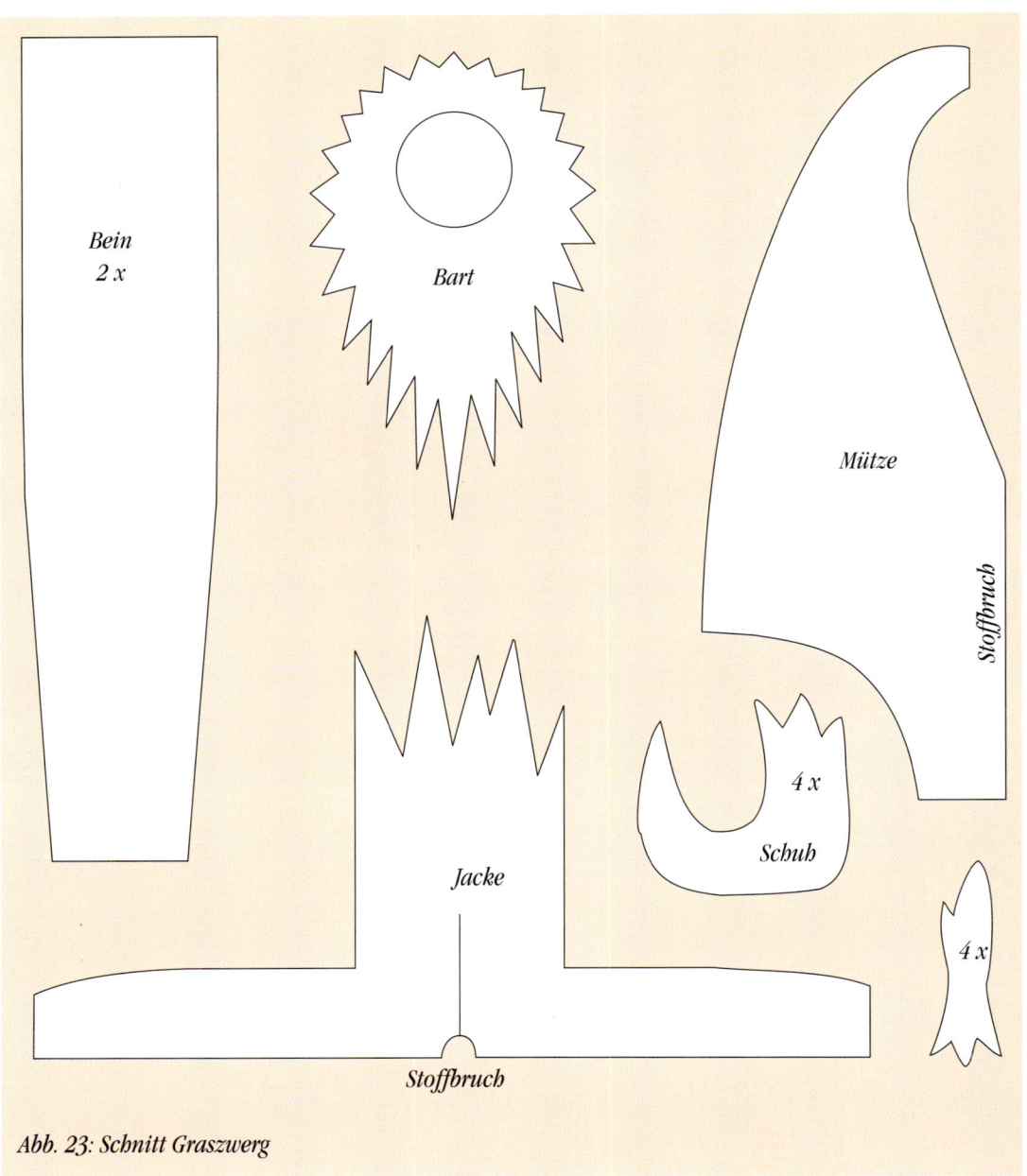

Bein
2 x

Bart

Mütze

Stoffbruch

Jacke

4 x

Schuh

4 x

Stoffbruch

Abb. 23: Schnitt Graszwerg

Abb. 24: Graszwerge

dem Schlitz schließen. Auch an den Ärmeln sollen die Pfeifenputzer ca. 1 cm überstehen für die Hände.

• Hände und Schuhe jeweils aufeinander nähen, sie über die Enden des Pfeifenputzers schieben und mit einigen Stichen an Ärmeln und Hosenbeinen befestigen.

• Die Mütze zusammennähen, mit etwas Wolle oder Watte füllen und über den Kopf ziehen. Sie ist hinten ein wenig länger als vorne. Den Zipfel auf Achselhöhe am Rücken befestigen. Wenn nötig, wird das Mützchen an der Stirn angeklebt.

Haare und Bart werden an einem Stück an der Mütze festgenäht.

• Am Schluss wird das Gesicht gezeichnet oder mit Wasserfarbe gemalt.

Abb. 25 : Baumzwerge

Baumzwerg ↕ 15 cm

▶ *Filz, Strickwolle, Stricknadeln Nr. 3,5, ungesponnene Wolle oder Watte, Pfeifenputzer (Länge 12 cm), ein Stück dünner Karton.*

• Zuerst den Kopf stricken: 20 Maschen anschlagen, 12 Reihen (1 rechts, 1 links) stricken und dann abketten.

• Das gestrickte Läppchen doppelt legen, die Seitennaht zunähen und die Unterkante kräuseln. Den Kopf mit Wolle oder Watte füllen.

• Die verschiedenen Teile aus dem Schnitt auf Abb. 26a ausschneiden.

• Für den Körper wird ein Filzstück von 7 x 10 cm zu einem Zylinder zusammengenäht, an der oberen Kante gekräuselt und am Kopf angenäht.

• Auf Schulterhöhe zwei Schlitze für die Arme einschneiden.

• Arme und Hände sind aus einem Stück. Sie werden um den Pfeifenputzer gelegt, dann schließt man die Naht unten. Die Arme durch die beiden Schlitze schieben und am Körper befestigen.

• Die Zipfelmütze zunähen und sie am Kopf anbringen.

• Die Haare werden folgendermaßen hergestellt: Mit der Häkelnadel einen Wollfaden durch eine Masche am Rand des Gesichtes ziehen und als Schlaufe herausziehen. Die beiden Fadenenden durch die Schlaufe hindurch festziehen (siehe Abb. 26a).

• Wenn man über den Körper willkürlich verteilt Wollfäden aufnäht, entsteht der Eindruck von Rinde.

• Den Körper mit Wolle oder Watte füllen.

• Ein rundes Stück Karton ausschneiden, das etwas kleiner ist als das Filzstück für den Boden, und aufkleben. Dadurch steht der Zwerg besser. Den Boden unten am Zylinder annähen.

• Zum Schluss dem Zwerg ein Gesicht aufsticken.

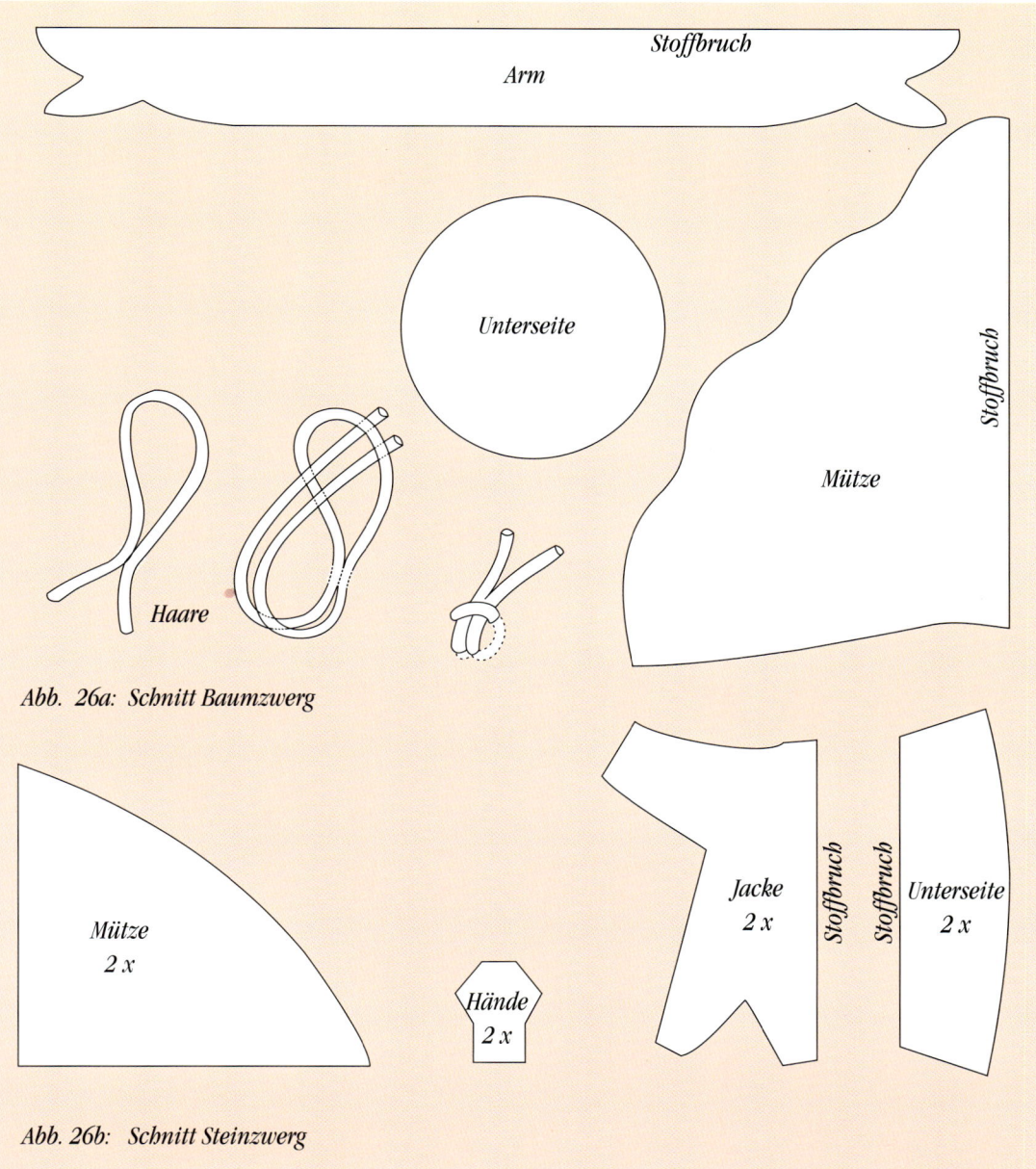

Stoffbruch

Arm

Unterseite

Stoffbruch

Mütze

Haare

Abb. 26a: Schnitt Baumzwerg

Mütze
2 x

Jacke
2 x

Stoffbruch

Stoffbruch

Unterseite
2 x

Hände
2 x

Abb. 26b: Schnitt Steinzwerg

Zwerge aus Holz

Man kann Holzpüppchen in vielen Größen und Formen, mit zylindrischem oder kegelförmigem Leib, kaufen. Die großen Holzpuppen haben auf der Unterseite manchmal ein Loch, so dass man sie als Fingerpuppe verwenden kann. Beim Kauf sollte man darauf achten, dass der Kopf ordentlich sitzt.

• Aus Korken und Perlen kann man auch selbst Puppen herstellen. Den Korken an einer Seite ringsum schräg zuschneiden (siehe Abb. 27). An dieser Seite einen Schaschlikspieß in den Korken bohren und festleimen. Anschließend eine Perle als Kopf oben aufkleben. Dabei sollte ein Hals übrig bleiben (ca. 0,5 cm). Er wird dicker, wenn man etwas Garn um ihn wickelt.

Abb. 27: Holzpüppchen

Kleiner Holzzwerg ↕ 7 cm

► *Holzpüppchen (3 bis 3,5 cm hoch), Filz, Bastelleim*

• Den Körper mit Filz bekleben, die Rücknaht schließen und den Filz überall passend abschneiden. Die Teile von Abb. 30a ausschneiden. Die Naht des Mützchens schließen und auf den Kopf kleben.
• Den Kragen um den Hals legen und vorne mit einigen Stichen befestigen. Die Kragenspitzen frei lassen. Weil die Köpfe so klein sind, sollten sie besser kein Gesicht bekommen.

Großer Holzzwerg ↕ 11 cm

► *Holzpüppchen (ca. 7 cm hoch), Filz, Bastelleim*

Diese Zwerge eignen sich gut für den Festtagstisch zum Kindergeburtstag. Wenn das Püppchen ein Loch an der Unterseite hat, können die Kinder es auf den Finger stecken und damit spielen.

• Die Püppchen wie bereits beschrieben bekleiden. Den Schnitt von Abb. 30b verwenden. Die Zipfelmütze des Zwerges kann nach Belieben verziert werden.
• Bart und Haare aus Wolle am Kopf festkleben.
• Mit Buntstiften ein Gesicht aufzeichnen.

Abb. 28: Holzzwerge

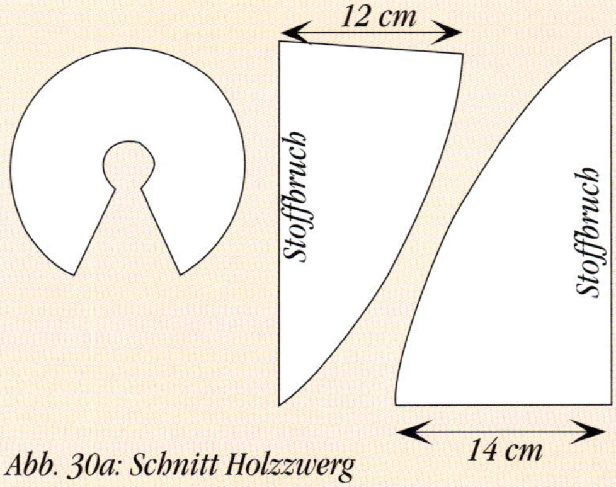

Abb. 30a: Schnitt Holzzwerg

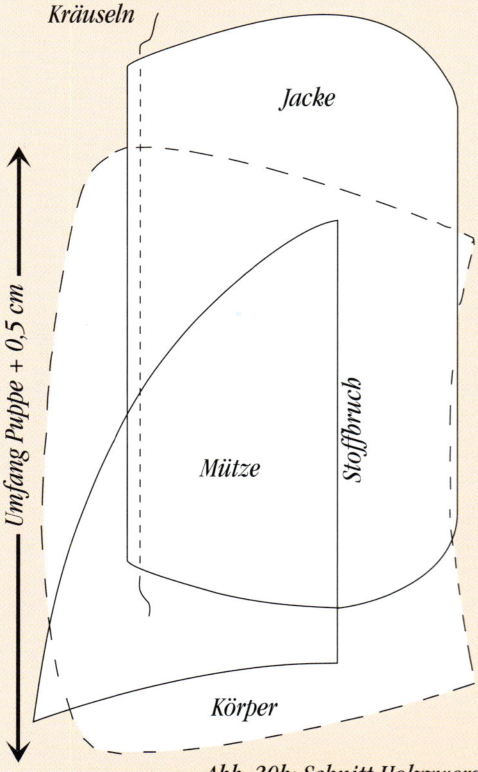

12 cm

Stoffbruch

Stoffbruch

14 cm

Kräuseln

Jacke

Umfang Puppe + 0,5 cm

Mütze

Stoffbruch

Körper

Abb. 30b: Schnitt Holzzwerg

Steinzwerg ↕ 11 cm

► *Holzpüppchen (ca. 7 cm hoch), Filz (rot und zweierlei Grautöne), ungesponnene Wolle oder Watte*

• Die Teile von Abb. 26b auf Seite 27 zweimal ausschneiden.
• Die Vorder- und Rückseite der Jacke auf das dunklere Unterkleid nähen, so dass dieses noch etwa 0,5 cm unten hervorschaut. – Danach die Nähte an der Seite des Jäckchens und unten an den Ärmeln schließen. Die Hände an die Ärmel nähen.
• Das Holzpüppchen in das Kleid stecken und Schulter- und obere Ärmelnähte zunähen. Das Kleid ist länger als das Holzpüppchen.
• Die Mütze zunähen und auf den Kopf kleben. Der Zwerg bekommt Bart und Haare aus Wolle oder Watte und ein aufgezeichnetes Gesicht.

Gestrickte Zwerge

Zwerg aus Strickwolle ↧ 7 cm

▶ *Dicke Strickwolle in verschiedenen Farben, verschiedenfarbiges Garn, stabiler Karton*

• Für die Arme Strickwolle ungefähr 20-mal um ein Stück Karton von ca. 6 cm wickeln. Beide Enden mit einem Stück Garn zusammenbinden. Das Knäuel vom Karton streifen und auf beiden Seiten ca. 1 cm für die Hände abbinden (siehe Abb. 32).
• Für Kopf, Ober- und Unterkörper die Wolle ungefähr 40-mal um ein Kartonstück von ca. 8 cm wickeln. Das eine Ende des Knäuels, wo nachher der Kopf sitzt, zusammenbinden, danach alles vom Karton streifen. Den Hals bei ca. 2 cm abbinden.
• Die Wolle für die Arme unterhalb des Halses durch die Schlaufe für den Oberkörper stecken und die Taille abbinden.
• Zum Schluss legt man die unterste Schlaufe in zwei gleiche Teile und bindet die Füße ab.

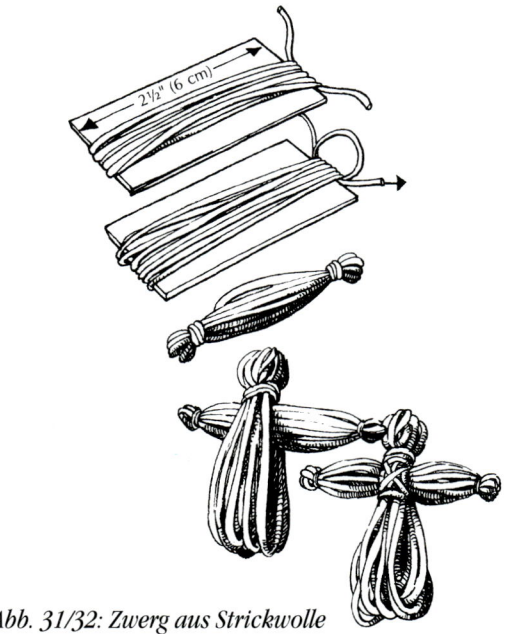

Abb. 31/32: Zwerg aus Strickwolle

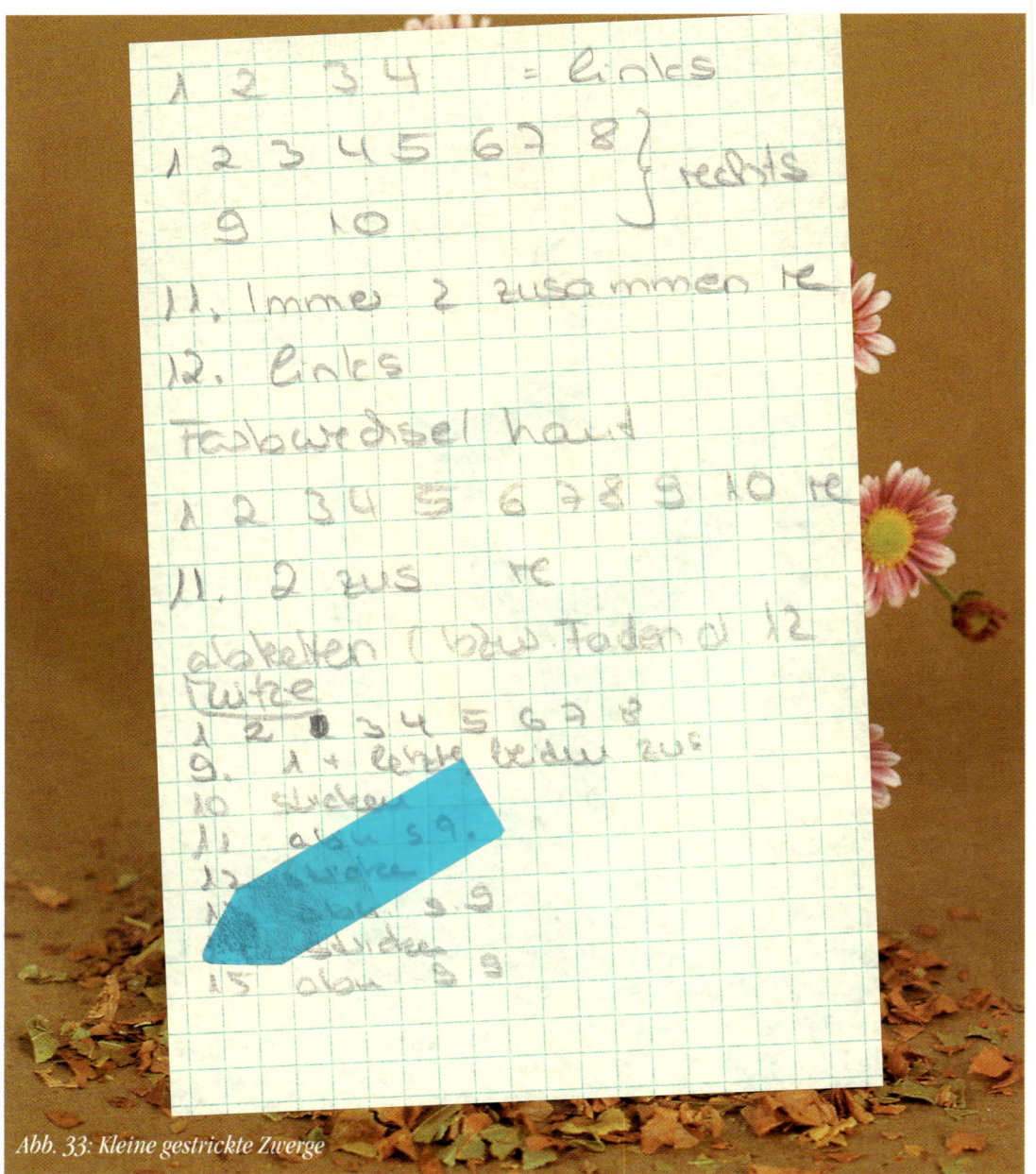

Abb. 33: Kleine gestrickte Zwerge

Kleine gestrickte Zwerge ↕ 10 cm

▶ *Baumwolle oder dünne Wolle, Stricknadeln Nr. 2 oder 2,5, ungesponnene Wolle*

Körper und Kopf

- 24 Maschen anschlagen, zuerst 4 Reihen nur rechte Maschen stricken, dann 10 Reihen glatt (1 Reihe rechts, 1 Reihe links). In der 11. Reihe (rechts) immer 2 Maschen zusammenstricken. Die restlichen 12 Maschen werden zurück wieder links gestrickt (siehe Abb. 34).
- Nun eine Farbe nehmen, die zum Gesicht passt. Damit 10 Reihen glatt stricken. In der 11. Reihe werden wieder je 2 Maschen zusammengestrickt, in der folgenden Reihe kettet man die restlichen Maschen ab.
- Das Gestrickte längs doppelt legen und Ober- und Rücknaht zunähen. Den Kopf mit etwas Wolle füllen. Einen Reihfaden durch den Hals ziehen, kräftig zusammenziehen und an der Rückseite verknoten.

Mütze

- 20 Maschen anschlagen und 2 Reihen nur rechts stricken. Die nächsten 6 Reihen glatt (1 Reihe rechts, 1 Reihe links) stricken. In der 7. Reihe die ersten beiden und die letzten beiden Maschen zusammenstricken. Dies in der 11., 13., 15. usw. Reihe wiederholen, bis keine Maschen mehr übrig sind.
- Die Seiten aneinander nähen und das Mützchen auf dem Kopf befestigen.

Kragen

- 26 Maschen anschlagen und 2 Reihen rechts stricken, dann 4 Reihen glatt. In der 5. Reihe immer 2 Maschen zusammenstricken und in der folgenden Reihe die restlichen Maschen abketten.
- Den Kragen um den Hals des Zwergen festnähen. Dabei bleibt die vordere Naht offen.

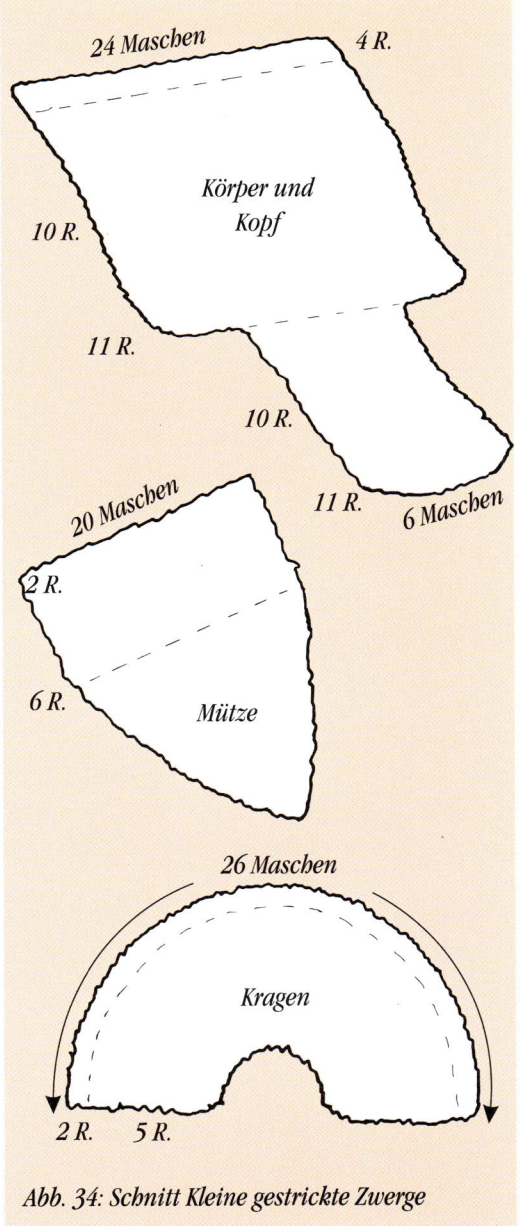

Abb. 34: Schnitt Kleine gestrickte Zwerge

Abb. 35: Gestrickter Babyzwerg

Gestrickter Babyzwerg ↕ 18 cm

► *Strickwolle in verschiedenen Farben, Strick-nadeln Nr. 3,5, ungesponnene Wolle*

Dieser Zwerg besteht aus einem längs gestrickten Läppchen, das anschließend zurechtgenäht wird.

• 30 Maschen anschlagen und 30 Reihen (15 Rippen) rechts mit roter Wolle stricken, danach 8 Reihen mit orangefarbener Wolle, dann 24 Reihen mit beiger Wolle, anschließend wieder 8 Reihen mit orangefarbener und zum Schluss wieder 30 Reihen mit roter Wolle; Abketten (siehe Abb. 36).

• Den Lappen in der Breite doppelt legen und die Seitennähte schließen. Die rote Unterseite bleibt noch offen.

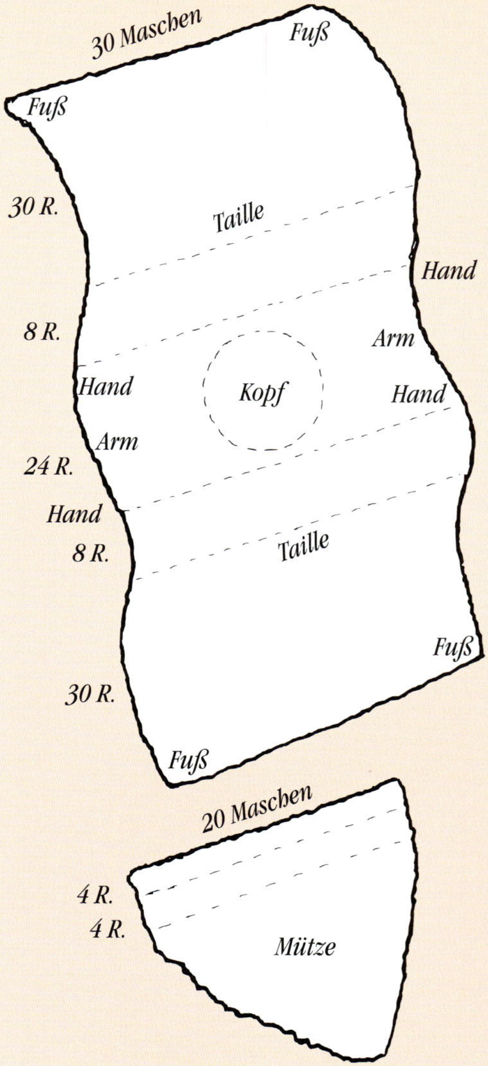

Abb. 36: Schnitt gestrickter Babyzwerg

- Etwas ungesponnene Wolle in die Mitte des beigefarbenen Stückes schieben, den Kopf zu einer runden Kugel formen und ihn mit einem beigefarbenen Faden abbinden. Den Faden gut verknoten, die Fadenenden vernähen.
- Nun aus den beiden beigefarbenen Enden die Hände formen und abbinden.
- Einen orangefarbenen Faden durch die Maschen ziehen, die die Grenze zwischen Orange und Rot bilden. Den Faden vorsichtig zu einer Taille, die nicht zu schmal sein darf, zusammenziehen. Etwas Wolle locker in den Oberkörper füllen.
- Die Mitte der offenen roten Kante mit einigen Stichen zusammennähen und den roten Faden dann an der Vorderseite bis zur Taille hinauf reihen, durch den Leib nach hinten führen und dort wieder nach unten reihen. Wenn man den Faden nun kräftig zieht, wird die Mitte nach oben gezogen und es entstehen Beine. Den Faden verknoten und vernähen.
- Die Füße am Ende der Beine formen und anbinden. Zuletzt auch die Beine locker mit Schafwolle füllen und die Beinnähte schließen.

Mütze
- 20 Maschen in roter Wolle anschlagen und 4 Reihen rechts stricken, die nächsten 4 Reihen mit orangefarbener Wolle. In jeder folgenden Reihe werden die ersten 2 Maschen zusammengestrickt, so lange bis alle Maschen aufgebraucht sind.
- Die Mütze zunähen und gut auf dem Kopf befestigen.

Gestrickter Zwerg   ⊥ 30 cm

▶ *Strickwolle in verschiedenen Farben, Stricknadeln Nr. 3,5, ungesponnene Wolle*

Körper und Beine
- Für das linke Bein 20 Maschen anschlagen.
- 2 Reihen rechts stricken, danach für die Füße abnehmen, indem man in der 3.,5. und 7. Reihe jeweils nach der 5. Masche 2 Maschen zusammenstrickt und in der 9. Reihe nach der 4. Masche ebenfalls 2. Es bleiben dann 16 Maschen übrig (siehe Abb. 38).
- Ab der elften Reihe mit der Farbe für den Anzug beginnen. 18 Reihen (9 Rippen) für das Hosenbein stricken.
- Nun für das rechte Bein ebenfalls 20 Maschen anschlagen und 2 Reihen rechts stricken. In der 3. Reihe nach 13, in der 5. Reihe nach 12 und in der 7. und 9. Reihe nach 11 Maschen je 2 Maschen zusammenstricken. Auch hier ab der 11. Reihe mit der neuen Farbe beginnen und 18 Reihen für das rechte Hosenbein stricken.
- Die beiden Beine auf eine Nadel nehmen und mit diesen 32 Maschen 26 Reihen (13 Rippen) stricken.
- In der folgenden Reihe müssen für die Schultern nach 6 Maschen 4 Maschen abgekettet werden, ebenso nach weiteren 12 Maschen.
- Mit den übrigen 24 Maschen 17 Reihen glatt (1 Reihe rechts, 1 Reihe links) in der Farbe des Gesichtes stricken. In der 18. Reihe immer 2 Maschen zusammenstricken und mit den übrigen 12 Maschen die 19. Reihe links stricken. In der 20. Reihe werden wieder je 2 Maschen zusammengestrickt. Dann abketten.

Abb. 37: Gestrickte Zwerge

Arme

• Für einen Arm 14 Maschen in der Farbe des Anzugs anschlagen. 14 Reihen rechts und anschließend in der Farbe der Hände 6 Reihen glatt stricken. In der nächsten Reihe werden immer zwei Maschen zusammengestrickt, dann strickt man noch eine Reihe und kettet anschließend ab.
Das Gleiche gilt für den anderen Arm.

Mütze

• 38 Maschen anschlagen und 14 Reihen rechts (7 Rippen) stricken. Dann in jeder Reihe die ersten 2 Maschen zusammenstricken, bis nur noch eine Masche übrig ist. Den Faden zum Abketten durchziehen.

Fertigstellung

• Zuerst Beine und Füße zunähen. Die Naht sollte an der Unterseite der Füße von den Zehen zur Ferse verlaufen. Die Füße fest mit Wolle ausstopfen und die Knöchel mit einem Faden etwas zusammenziehen. Die Beine können etwas lockerer gefüllt werden.
• Die Rückennaht und die Naht am Kopf schließen. Dabei muss jeweils ein kleines Stück offen gelassen werden, damit Wolle hineingesteckt werden kann.
• Ein Stück Wolle in den Hals stopfen und diesen mit einem Faden zusammenziehen; ohne die Wolle hält sich der Kopf nicht gerade.
Dann Kopf und Leib weiter auffüllen; den Kopf etwas fester als den Leib.
• Hände und Arme zunähen. Die Hände füllen bis sie hübsch rund sind. Die Handgelenke kräuseln, danach die Arme füllen. Die Arme am Körper befestigen und auf Achselhöhe 4 Maschen von Vorder- und Hinterseite aneinander nähen. Dadurch stehen die Arme nicht so steif zur Seite ab.

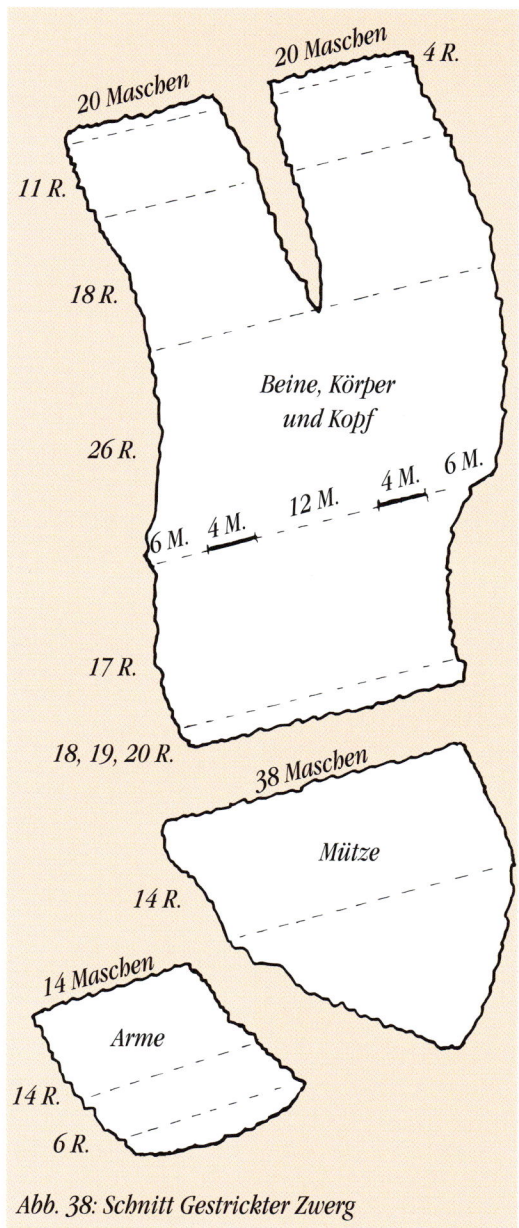

Abb. 38: Schnitt Gestrickter Zwerg

Abb. 39: Gestrickter Baumwollzwerg

• Kopf und Körper sollten gut gefüllt sein, dann können die letzten Öffnungen geschlossen werden.
• Die Mütze zunähen, nur wenig füllen. Auf dem Kopf befestigen, wobei die Rückseite der Mütze zur Verstärkung an den Schultern angenäht wird.
• Haare und Bart aus ungesponnener Wolle mit Stickseide um das Gesicht nähen und ein Gesicht aufsticken. Dabei kann man die Augen mit Hilfe von Nadel und Faden vom Hinterkopf aus etwas einziehen.

Variation:

Dieser Zwerg kann natürlich auch einen Kopf aus Trikot bekommen (siehe *Laufzwerg* auf Seite 42).

Variation: **Zwerg aus Baumwolle** ↕ 20 cm

Der Zwerg auf Abb. 39 wird mit derselben Anzahl Maschen wie schon beschrieben gestrickt, jedoch mit Baumwollgarn und Nadeln Nr. 2 – 2,5.

Gestricktes Handpüppchen ↕ 28 cm

▶ *Strickwolle für Körper und Mütze, hautfarbene Wolle für Kopf und Arme, dunklere Wolle für Bart und Haare, Stricknadeln Nr. 2 – 2,5*

• 30 Maschen für die Vorderseite anschlagen und 48 Reihen rechts mit der farbigen Wolle stricken, danach 28 Reihen mit hautfarbener Wolle. Daraus werden später Kopf und Haare gebildet. Anschließend wieder 48 Reihen rechts in der Farbe für die Rückseite stricken.
• Den Lappen in der Breite doppelt legen und die Seiten zunähen.
• Ein Stück ungesponnener Wolle von unten dorthin schieben, wo der Kopf sitzen soll (siehe Abb. 40). Einen runden Kopf formen und mit Wollfaden abbinden. Den Hals nicht zu fest zubinden, damit der Zeigefinger zum Spielen hineingesteckt werden kann.

Mütze

• Für die Mütze 26 Maschen anschlagen und 10 Reihen rechts stricken. Danach in jeder folgenden Reihe die ersten 2 Maschen zusammenstricken, bis alle Maschen aufgebraucht sind.
• Die Mütze zunähen und mit etwas Wolle füllen; auf dem Kopf befestigen.

Haare

• Siehe die Beschreibung auf Seite 26 unten.
• Das Gesicht wird erst gestickt, wenn die Puppe ganz fertig ist. Die Stellen für Augen und Mund werden bestimmt, indem man 3 Stecknadeln an den entsprechenden Stellen in den Kopf steckt und dann so lange korrigiert, bis es passt (siehe Abb. 63, S. 61). Die Augen sollten in der Mitte des Gesichts sitzen.

Erzählzwerg ↕ 21 cm

▶ *Strickwolle in verschiedenen Farben, Strickna-deln Nr. 3,5, ungesponnene Wolle*

Wenn man die Finger in die Arme dieses Zwergleins steckt, kann es verschiedene Bewegungen machen. Es kann eine eigene Geschichte erzählen oder mit den Kindern sprechen.

Körper und Beine

• 36 Maschen für die Schultern anschlagen. 20 Reihen in Bündchenmuster (1 Masche rechts, 1 Masche links) stricken. Dabei in der 1., 3., 5., 7., 9., 11., 13. und 15. Reihe jeweils am Anfang eine Masche abketten und in der 2., 4., 6., 8., 10., 12., 14. und 16. Reihe jeweils am Amfang wieder 1 Masche anschlagen. Noch 4 Reihen stricken, dann mit 18 der 36 Maschen 18 Reihen für das eine Bein stricken; abketten. Dasselbe gilt für die übrig gebliebenen 18 Maschen (siehe Abb. 43).

Kopf

• Die 36 Maschen der Schultern wieder aufnehmen und 1 Reihe mit beiger Wolle stricken. In der folgenden Reihe nimmt man ab, indem man jede 2. Masche mit der folgenden zusammenstrickt, also 2. und 3. Masche, 5. und 6. Masche usw.

• Mit den restlichen 24 Maschen noch 18 Reihen stricken, dann abketten.

Jacke mit Händen

• Die Jacke besteht aus vier Teilen: Vorder- und Rückenteil sowie zwei losen Ärmeln. Für das Vorderteil 24 Maschen anschlagen und 4 Reihen rechts stricken,

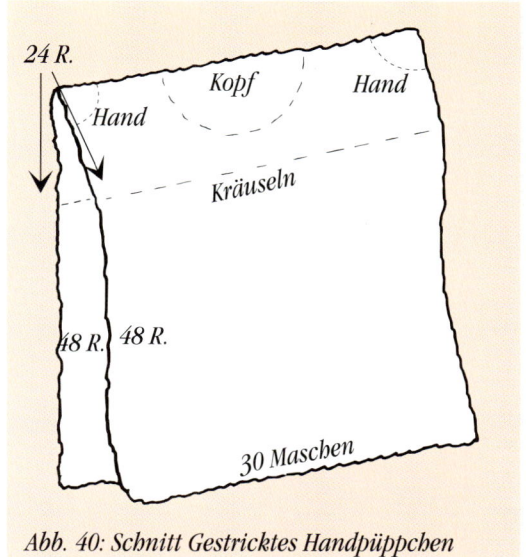

24 R.

Kopf   Hand

Hand

Kräuseln

48 R. 48 R.

30 Maschen

Abb. 40: Schnitt Gestricktes Handpüppchen

Abb. 41: Gestricktes Handpüppchen

Abb. 42 a – d: Erzählzwerg

danach 24 Reihen glatt rechts (1 Reihe rechts, 1 links), dabei in jeder 4. Reihe die zwei ersten und die zwei letzten Maschen zusammenstricken. Die verbleibenden 12 Maschen abketten.

- Die Rückseite auf die gleiche Weise stricken.
- Für die Ärmel 16 Maschen anschlagen und 2 Reihen rechts als Bündchen stricken, danach 6 Reihen glatt rechts stricken. In der 7. und 9. Reihe die ersten und die letzten 2 Maschen zusammenstricken. In der 10. Reihe abketten.
- Die Hände werden extra gestrickt. Dafür 14 Maschen anschlagen und 6 Reihen glatt rechts stricken. In der 7. Reihe immer 2 Maschen zusammenstricken und die restlichen 7 Maschen abketten.

Zipfelmütze

- 36 Maschen anschlagen und 2 Reihen rechts stricken, danach glatt rechts und dabei in jeder 4. Reihe die ersten und die letzten 2 Maschen zusammenstricken, bis alle Maschen aufgebraucht sind.

Pantoffeln

- 26 Maschen anschlagen und 4 Reihen rechts stricken. In den folgenden 6 Reihen werden wieder die ersten und die letzten 2 Maschen zusammengestrickt, so dass eine schräge Form entsteht.

Fertigstellung

- Die Beine zunähen (der Rücken bleibt noch offen).
- Nun die Pantoffeln zunähen, sie mit etwas Wolle füllen, über die Beine schieben und festnähen.
- Die Beine locker mit Wolle füllen und an der Oberseite zunähen.
- Für den gestrickten Kopf einen «Innenkopf» aus Trikot herstellen (siehe hierzu Punkt 1 u. 2 auf Seite 55).

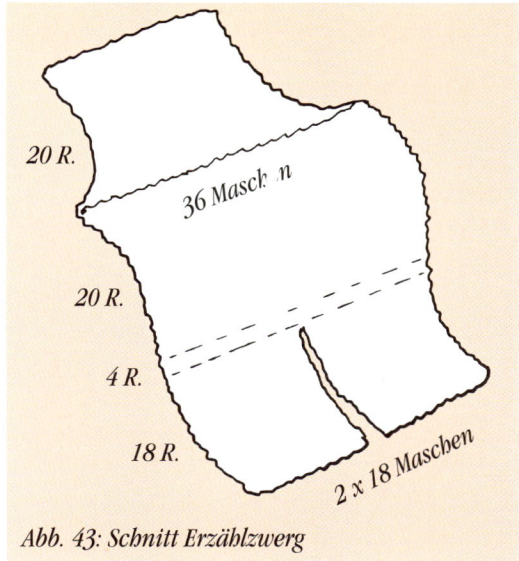

20 R.

36 Maschen

20 R.

4 R.

18 R.

2 x 18 Maschen

Abb. 43: Schnitt Erzählzwerg

- Das gestrickte Kopfteil straff über den Trikotkopf ziehen und oben und hinten zunähen.
- Den Oberkörper ebenfalls locker mit Wolle füllen und die Rückennaht schließen.
- Die Seiten der Jacke schließen. Die Beine durch die Halsöffnung nach unten herausstecken, dann die Schulternähte zunähen.
- Die Ärmel schließen und die Hände unten annähen. Danach nur die vordere Hälfte der Ärmel an die Jacke nähen; der hintere Teil bleibt offen, damit die Finger hineingesteckt werden können.
- Die Zipfelmütze zunähen und am Kopf befestigen.
- Der Zwerg bekommt Bart und Haare aus Wolle und ein gesticktes Gesicht.

Laufzwerg ↕ 21 cm

► *verschiedenfarbige Strickwolle, Stricknadeln Nr. 3,5, ungesponnene Wolle*

Beine und Körper

• 18 Maschen für ein Bein anschlagen. 18 Reihen in Bündchenmuster (1 rechts, 1 links) stricken. Auf derselben Nadel noch einmal 18 Maschen anschlagen; das zweite Bein ebenso stricken.
• Mit beiden Beinen zusammen 8 Reihen stricken (siehe Abb. 45).
• An beiden Enden je 8 Maschen auf Hilfsnadeln legen und in der folgenden Reihe wieder beidseits 8 Maschen zunehmen. Weitere 16 Reihen für den Oberkörper stricken, dann abketten.

Abb. 44: Laufzwerg

Arme und Jacke

• 20 Maschen anschlagen und 4 Reihen rechts stricken; danach 14 Reihen glatt rechts.
• An beiden Seiten 8 Maschen für die Arme zunehmen. 8 Reihen glatt stricken (1 Reihe rechts, 1 Reihe links), bis auf die ersten und die letzten 2 Maschen: sie werden für das Bündchen nur rechts gestrickt. In der nächsten Reihe werden 15 Maschen gestrickt, 6 für den Halsausschnitt abgekettet und die letzten 15 Maschen wieder gestrickt.
Bei der folgenden Reihe 15 Maschen stricken, wieder 6 aufnehmen und weitere 15 Maschen stricken. Danach 8 Reihen glatt rechts stricken.
Auf beiden Seiten je 8 Maschen abnehmen, 14 Reihen glatt stricken, schließlich 4 Reihen nur rechts, dann abketten.

Mütze

• 36 Maschen anschlagen und 4 Reihen im Rippenmuster (1 rechts, 1 links) stricken.
• Bei den folgenden Reihen in jeder vierten Reihe vorne und hinten zwei Maschen zusammenstricken. Wenn noch 14 Maschen übrig sind, wird bei jeder zweiten Reihe ebenso verfahren, bis alle Maschen verbraucht sind.

Stiefel

• Man beginnt an der Unterseite der Stiefel, indem man 26 Maschen anschlägt und 4 Reihen glatt rechts strickt.
• In den folgenden 6 Reihen die ersten und letzten 2 Maschen zusammenstricken.
• Mit den übrigen Maschen noch 8 Reihen nur rechts stricken, dann abketten.

Kopf und Hände

• Der Kopf und die Hände werden aus Trikotstoff gemacht. Siehe dafür die Beschreibung auf Seite 55, Punkt 1, 2 und 3.

• Für die Hände wird je ein Stück Trikot von ca. 4 x 4 cm zugeschnitten und um ein Stückchen Wolle herum zugebunden.

Fertigstellung

• Die Seiten der Beine und des Körpers nach innen falten. Die Innennähte der Beine und die Rücknaht der Hose zunähen (a-a, b-b, c-c).

• Die Stiefel zunähen, mit etwas Wolle füllen, über die Beine schieben und festnähen.

• Die Ärmel und die Seitennähte der Jacke zunähen. Die Hände in die Ärmel stecken und festnähen. Die Arme locker mit Wolle füllen.

• Die Jacke über den Körper, dessen Rücknaht noch offen ist, schieben. Den Kopf durch die Halsöffnung der Jacke stecken und am Körper festnähen. Den Leib mit Wolle füllen und die Rücknaht schließen.

• Die hintere Unterkante der Jacke an der Vorderkante des Körpers festnähen.

Die hintere Kante des Körpers bleibt offen, so dass die Finger in die Beine gesteckt werden können (siehe Abb. 45). Der vordere Saum des Jäckchens hängt lose herab.

• Die 2 mal 8 Maschen von den Hilfsnadeln wieder auf Nadeln aufnehmen. 10 Reihen im Bündchenmuster in der Farbe der Jacke stricken, dann abketten. Die Seiten dieses Lappens an den Seitennähten der Jacke annähen.

• Die Naht der Mütze schließen und auf dem Kopf befestigen.

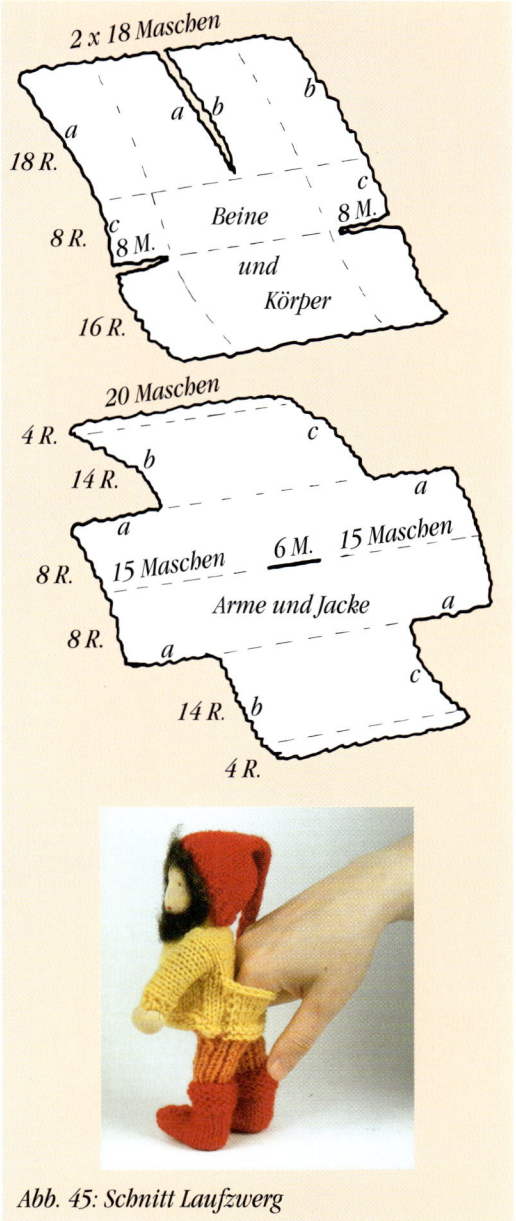

Abb. 45: Schnitt Laufzwerg

Abb. 46: Zwerg als Babypüppchen

Zwerge für kleine Kinder

Zwerg als Babypüppchen ↨ 28 cm

▶ *Schafwolle, rosa Trikot, Frottee oder Flanell*

Den Stoff vorwaschen, damit er nicht eingeht, wenn das Püppchen später einmal gewaschen werden muss.

• Den Kopf aus einem Stück rosa Trikot von ca. 14 x 14 cm herstellen (siehe hierzu die Anleitung auf Seite 55).
• Den Schnitt von Abb. 48 auf 150 % vergrößern. Mütze und Körper zuschneiden. Die Rückseite der Mütze (mit der Nähmaschine) zunähen. Den Körper mit der Außenseite nach innen doppelt legen und die runde Naht zunähen.
• Mütze und Körper wenden (den Körper durch die Halsöffnung).
• Den Körper mit gut auseinander gezupfter Wolle füllen und die Hände mit festem Faden abbinden.
• Die Halsöffnung 0,5 cm nach innen umschlagen und kräuseln. Den Kopf in die Halsöffnung stecken, den Reihfaden zusammenziehen und fixieren. Den Kopf gut am Körper befestigen.
• Die Taille nur leicht kräuseln; Babys haben noch keine Taille.
Den Rand der Mütze nach innen umfalten und auf dem Kopf befestigen.
• Man kann das Püppchen auch etwas verzieren.

Schmusezwerg ↨ 30 cm

▶ *Flanell oder anderer weicher Stoff, ungesponnene Wolle, dünnes Trikot für die Innenseite des Kopfes, 4 Perlen (ca. 16 mm Durchmesser), Schmuckband*

Der Schmusezwerg ist für sehr kleine Kinder gedacht. Er sollte fest genäht sein, denn er wird bestimmt kräftig durchgekaut. Wenn man zwei gleiche Zwerge macht, hat man einen in Reserve, falls der andere gewaschen werden muss.

Abb. 47: Schmusezwerg

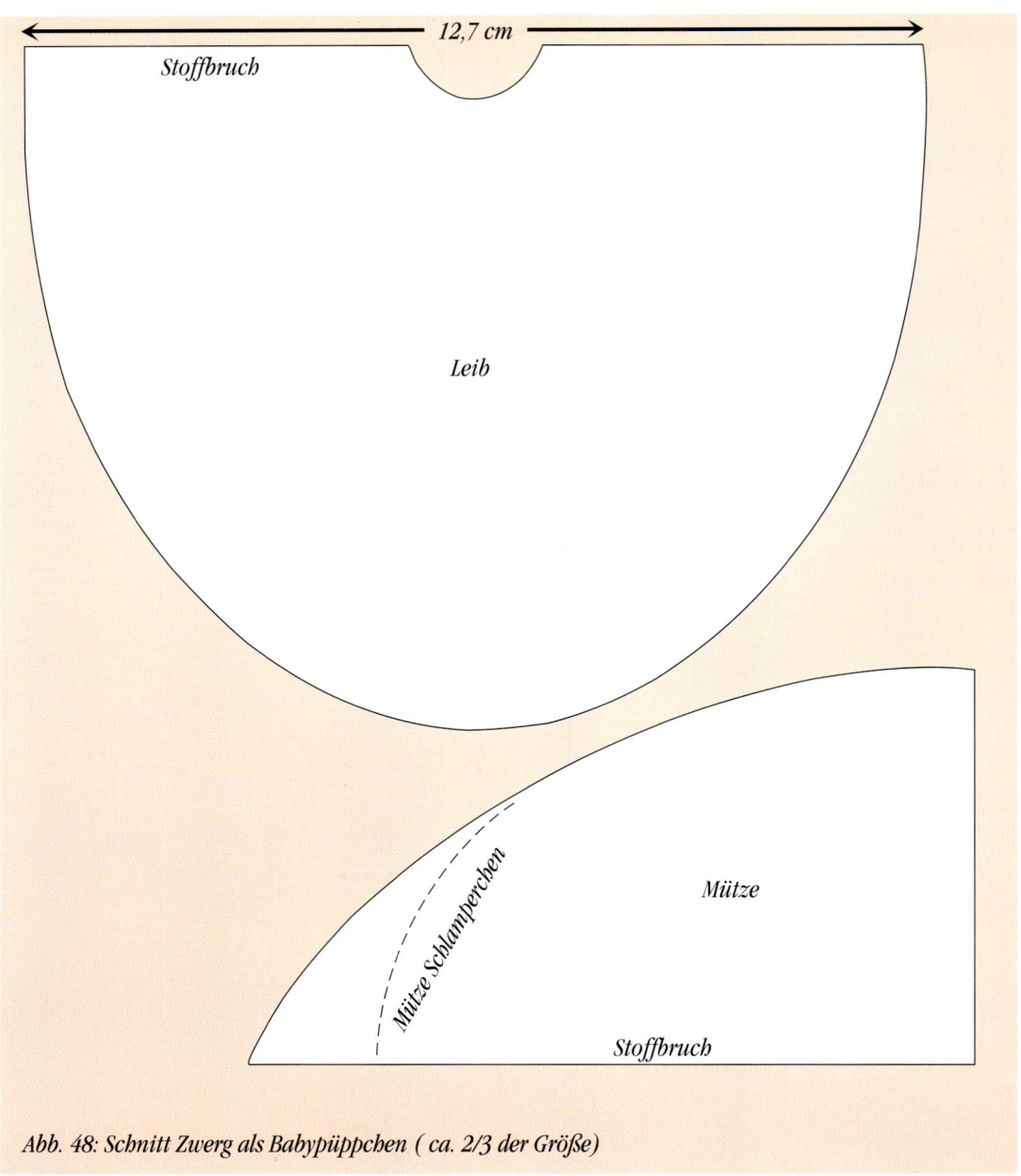

Abb. 48: Schnitt Zwerg als Babypüppchen (ca. 2/3 der Größe)

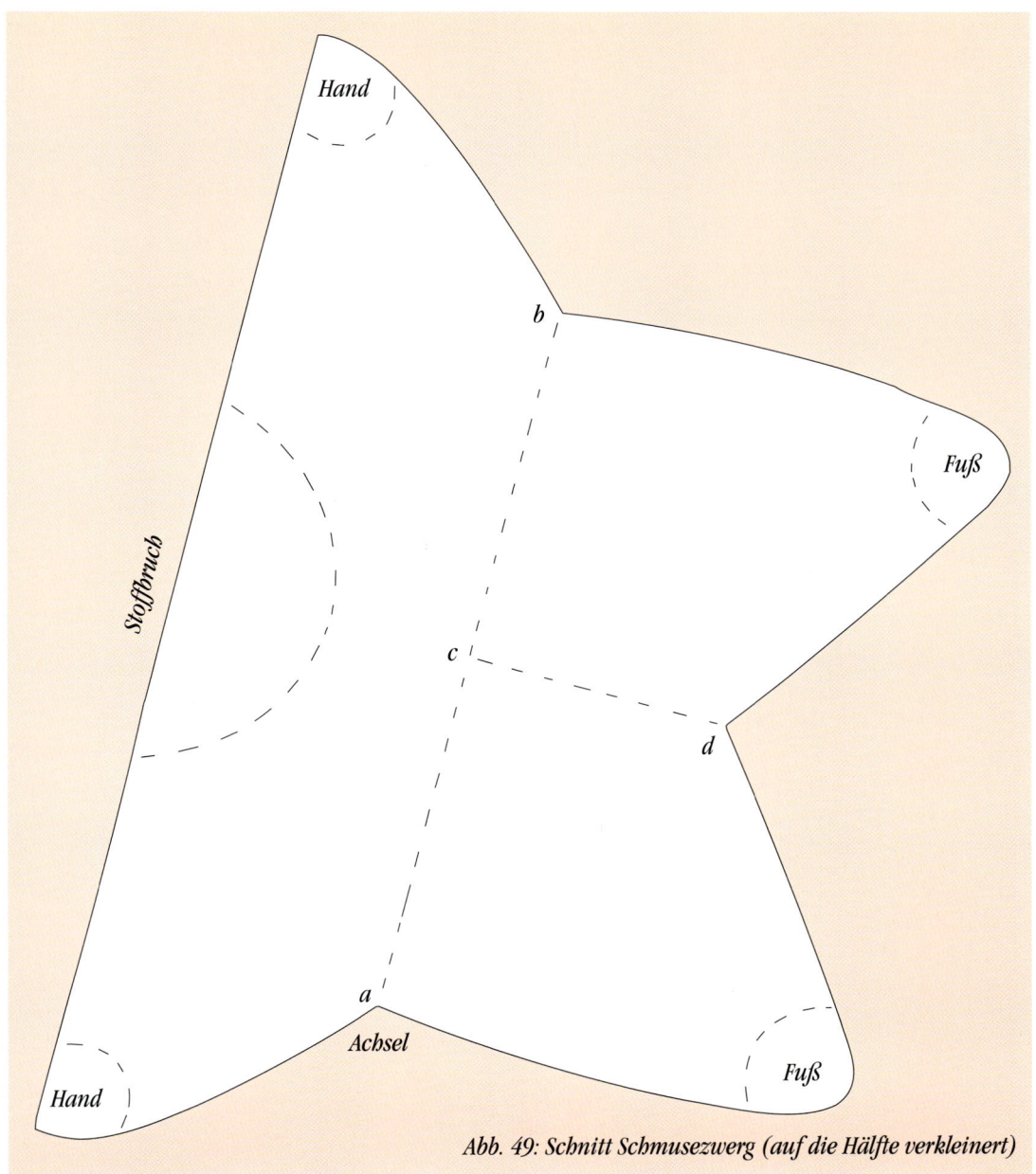

Abb. 49: Schnitt Schmusezwerg (auf die Hälfte verkleinert)

47

- Den Stoff vorwaschen, so dass er sauber und weich ist und später nicht mehr eingeht.
- Den Schnitt von Abb. 49 auf das Doppelte vergrößern. Die Teile aus dem gewaschenen Stoff zuschneiden.
- Alle Nähte bis auf eine mit der Nähmaschine zunähen und das Stück umwenden. Je eine Perle an die Stellen stecken, wo Hände und Füße hinsollen, den Stoff außen mit einem roten Faden abbinden.
- Den Kopf aus einem Stück rosa Trikot von ca. 14 x 14 cm anfertigen (siehe hierzu die Beschreibung auf Seite 55, Punkt 1,2 und 3).
- Diesen Innenkopf in den anderen Stoff an die Stelle des Kopfes schieben (siehe Abb. 49). Den Kopf am Hals mit einem kräftigen Faden abbinden.
- Etwas Wolle in Arme und Beine stecken und die letzte Naht schließen.
- Die Taille von a nach b nur ganz leicht kräuseln. Die Beine entstehen, indem auch von c nach d eingekräuselt wird.
- Um die Taille ein hübsches Band nähen.
- Die Mütze von Abb. 48 ausschneiden und die hintere Naht schließen.
Die Mütze wenden, den Rand 0,5 cm nach innen falten und die Mütze gut am Kopf festnähen.

Abb. 50: Kletterzwerg

Kletterzwerg ↕ 16 cm

▶ *Stoffreste, (Birken-)Multiplex, ca. 8 mm dick, Perlen (16 mm Durchmesser), ein ca. 12 cm langer Holzstock, Farbe, Lack, Laubsäge, Handbohrer, stabiler Nylonfaden*

Kleinkinder und Kindergartenkinder lassen mit großer Begeisterung diesen Kletterzwerg immer wieder die Schnur hinaufklettern und dann wieder herunterrutschen.

- Nur der Oberkörper, Kopf und Schuhe sind aus Holz, Beine und Zipfelmütze sind aus Stoff, damit sie sich beim Klettern hin und her bewegen.

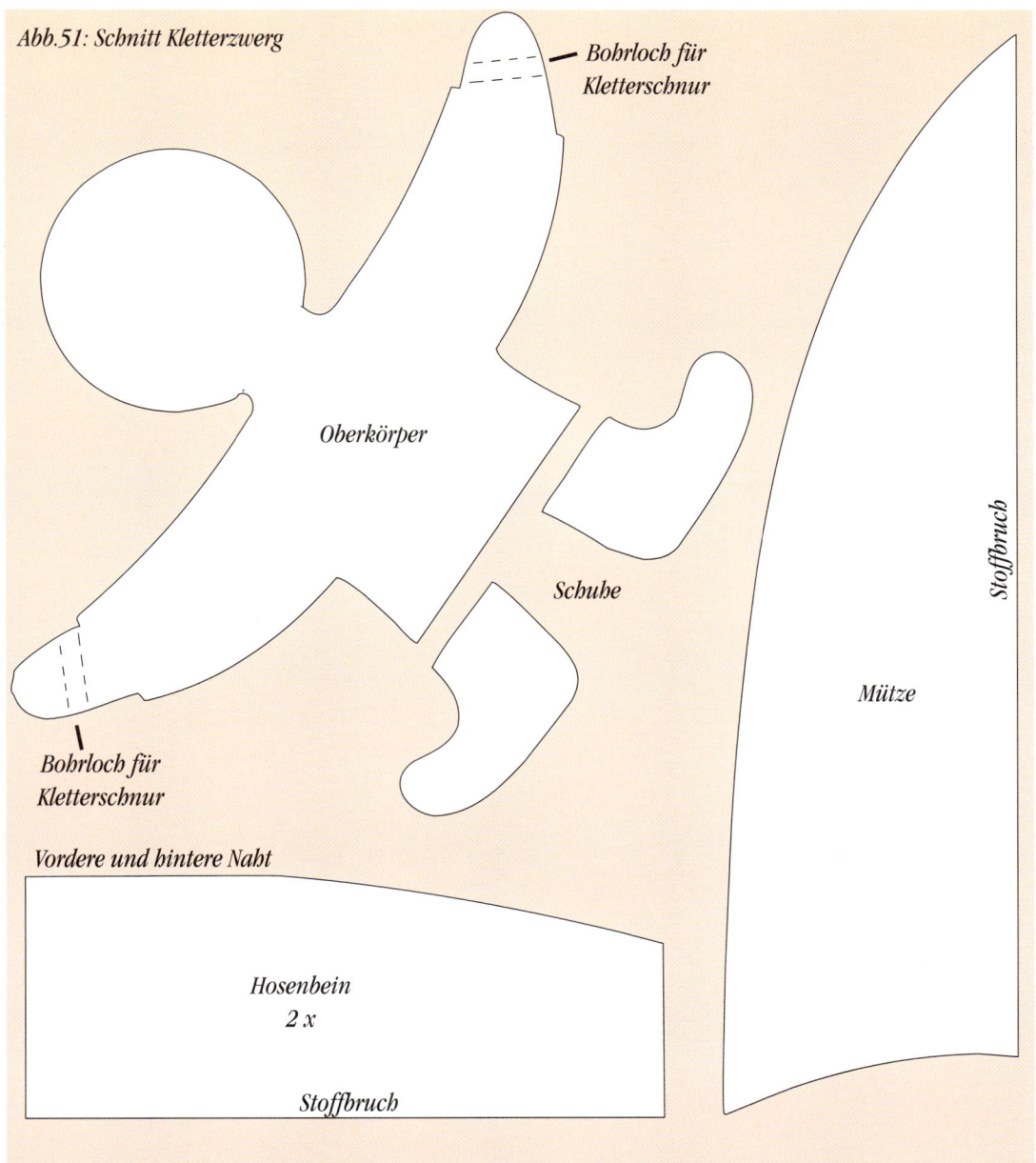

Abb.51: Schnitt Kletterzwerg

Bohrloch für
Kletterschnur

Oberkörper

Schuhe

Bohrloch für
Kletterschnur

Stoffbruch

Mütze

Vordere und hintere Naht

Hosenbein
2 x

Stoffbruch

49

Der Zwerg kann dadurch klettern, dass die Löcher in den Händen schräg gebohrt werden (siehe Abb. 51).

- Den Schnitt für Oberkörper und Schuhe von Abb. 51 auf ein Stück Multiplex von heller Farbe (z.B. Birke) übertragen. Alles mit einer Laubsäge aussägen und schön glatt schleifen. Mit einem 3 mm-Bohrer in beide Hände ein schräges Loch bohren (siehe Abb. 51). Jacke, Schuhe und die Grundfarbe des Gesichtes auf das Holz malen. Das geht am Besten mit Plakatfarbe, die nicht zu sehr verdünnt ist, damit sie nicht verläuft. Man malt die Gesichtszüge erst auf, wenn die erste Farbschicht getrocknet ist.
- Die bemalten Teile mit Klarlack überziehen.
- Mütze und Hose aus dem Stoff zuschneiden. Die Teile rechts auf rechts falten und die Nähte an Mütze und Hosenbeinen schließen.
- Die Hose wenden, an der Taille einen schmalen Rand nach innen schlagen und einen Heftfaden hindurchziehen.
- Die Hose an den hölzernen Oberkörper kleben und den Heftfaden zusammenziehen. Die Hosensäume nach innen umschlagen und die Holzschuhe ankleben.
- Nun auch die Mütze wenden und auf den Kopf kleben. Der Zwerg kann noch einen Bart aus Wolle bekommen.
- Zum Schluss zwei gleich lange Stücke Nylonfaden durch den Stock, die Hände und durch zwei Perlen (an jeder Seite eine) fädeln, oben und unten mit Doppelknoten sichern (siehe Abb. 50). Der Zwerg beginnt zu klettern, wenn man abwechselnd an den beiden Fäden zieht.

Zwerge mit einem Gestell aus Eisendraht

Zwergenvolk ⵏ 22 cm

▶ *Eisendraht (Dicke 1,5 mm, Länge 75 cm), Kammgarn, Filz, ungesponnene Wolle, Trikot, Untertrikot, Stickseide, Zwirn, Glöckchen, Taschentuch oder Küchenpapier, Malerkrepp, Karton.*

Diese «echten» Zwerge sind genauer ausgestaltet als die anderen Zwerge in diesem Buch. Ältere Kinder spielen gerne mit ihnen und wissen auch, welchen sie besonders gerne haben. Man kann diese Zwerge aber auch einfach aufstellen, z.B. auf den Kaminsims.
Man muss damit rechnen, dass die Herstellung dieser Zwerge mehr Zeit in Anspruch nimmt. Dies gilt vor allem für Tomte Tummetott. Es würde zu weit führen, die Schnitte für alle hier gezeigten Zwerge einzeln abzubilden. Man kann selber Veränderungen in Ausstattung und Größe vornehmen.

Gestell

- Den Draht so biegen, wie es auf Abb. 53 zu sehen ist.
- Am unteren Ende zwei «Füße» biegen, damit der Zwerg stehen kann (siehe Abb. 54). Der Draht sollte so flach wie möglich liegen. Man sollte darauf achten, dass beide Beine gleich lang werden.
- Aus starkem Karton für jeden Fuß zwei Sohlen ausschneiden, jeweils eine für oben und unten (siehe Abb. 54). Aus dem oberen Teil ein Stückchen Ferse herausschneiden, so dass der Drahtfuß an der richtigen Stelle zwischen den Pappestücken sitzt. Zuerst die

Abb. 52: Zwei Zwerge mit Holz

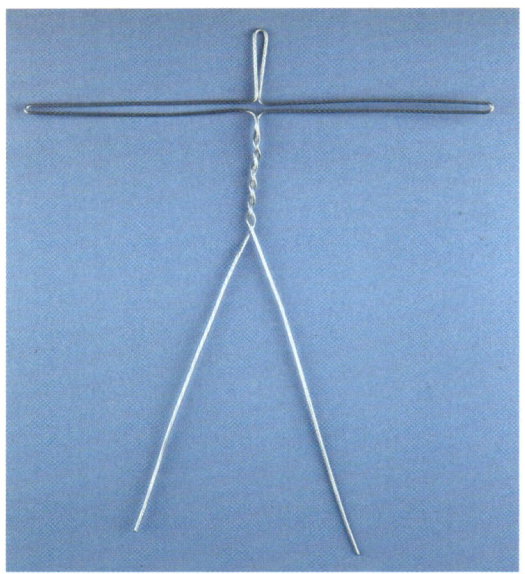

Abb. 53 (oben)

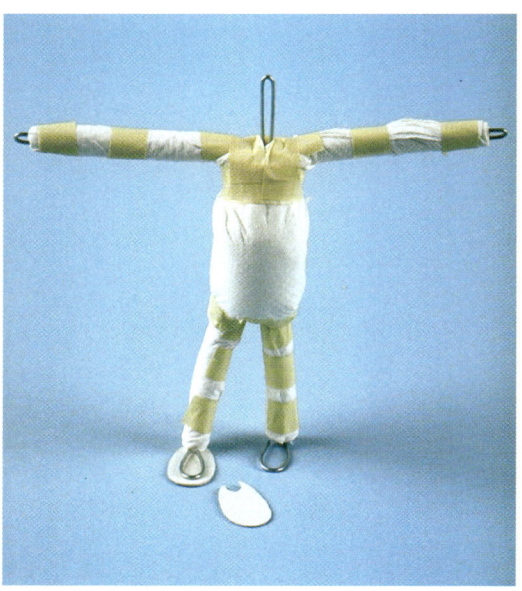

Abb. 54 (links)

untere Sohle mit Klebeband am Drahtfuß und dann das obere am unteren Stück befestigen.

Bekleiden des Gestelles

• Jetzt muss das Gestell «gefüllt» werden, indem es mit Kammgarn, Papiertaschentuch oder Küchenpapier Lage für Lage umwickelt wird, bis es die richtige Dicke hat. Das Papier wird einige Male gefaltet, fest um den Draht gewickelt und mit Krepp-Klebeband festgeklebt. An Hals, Armen und Beinen beginnen, dann mit dem Körper weitermachen. Der Zwerg darf ruhig ein ordentliches Bäuchlein bekommen (Abb. 54).

• Wenn genug Papier aufgewickelt ist, kann eventuell noch eine dünne Schicht Kammgarn darübergelegt werden (wie bei Tomte auf Seite 64). Um die Wolle etwas Faden wickeln und verknoten.

Hände

• Die Hände schneidet man aus einem Stück Trikot zu. Wie auf dem Schnitt in Abb. 58 zu sehen ist, geht die Hand in ein Stück Unterarm über. Die Nähte schließen, den Stoff wenden und die Hände mit etwas Wolle füllen. Dann den Unterarm über den Drahtarm schieben und festnähen.

Füße

• Für die Füße ein Stückchen Trikot zuschneiden, unter die Sohle legen, um den Fuß nach oben falten und um den «Knöchel» fest zubinden.

Abb. 55: Sitzender Zwerg

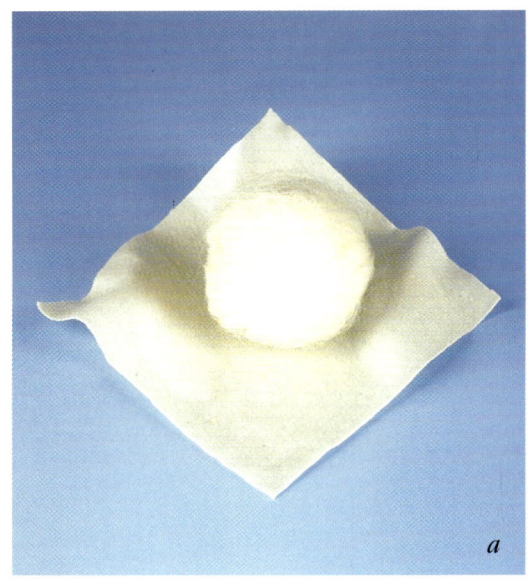

Abb. 56 a – d

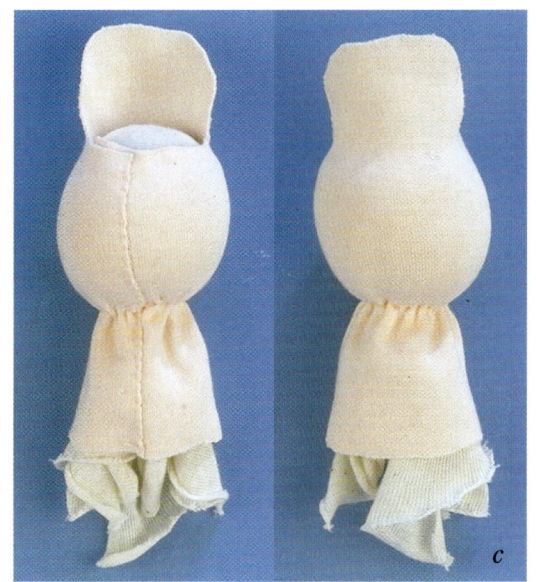

Der Kopf

Da wir an mehreren Stellen dieses Buches darauf verweisen, nummerieren wir die Arbeitsschritte.

1. Ein größeres Stück Wolle oder Watte wird mit den Händen zu einem festen Ball gerollt und auf ein Stück Trikot von ca. 16 x 16 cm gelegt. (siehe Abb. 56a).

2. Der Stoff wird fest um den Ball zusammengezogen. Dabei sollte darauf geachtet werden, dass der Kopf die richtige Größe hat und sich fest genug anfühlt. Falls nötig, noch Wolle hinzufügen. Den Stoff am Hals zubinden. Bei einfachen und sehr kleinen Puppen ist das schon der ganze Kopf (Abb. 56b).

3. Damit der Kopf faltenfrei wird, ein zweites Stück rosa Trikot eng um den Kopf herumnähen. Den Stoff oben einschneiden und ihn fest um den ersten Kopf herum zunähen. (Abb. 56c).

4. Wenn das Gesicht schöner geformt werden soll, kann man ihm eine Augenlinie geben, indem ein fester Faden horizontal um die Mitte des «Innenkopfes» gewickelt wird. Den Faden an den Stellen vernähen, wo die Ohren sitzen. Das Resultat ist auf Abb. 56d zu sehen.

5. Zusätzlich zur Augenlinie kann noch eine Nase geformt werden. Dafür wird eine kleine Wollkugel in ein Stück Trikot eingenäht und an der richtigen Stelle gut befestigt (Abb. 56d).

6. Danach das zweite Trikotstück darübernähen (wie Punkt 3 und Abb. 56c).

• Den Stoff vom Hals an den Seiten einschneiden, wo die Schultern sitzen, oben über das Gestell ziehen und gut festnähen. Dem Zwerg erst ein Gesicht geben, wenn er sonst ganz fertig ist.

Abb. 57: Zwergengruppe

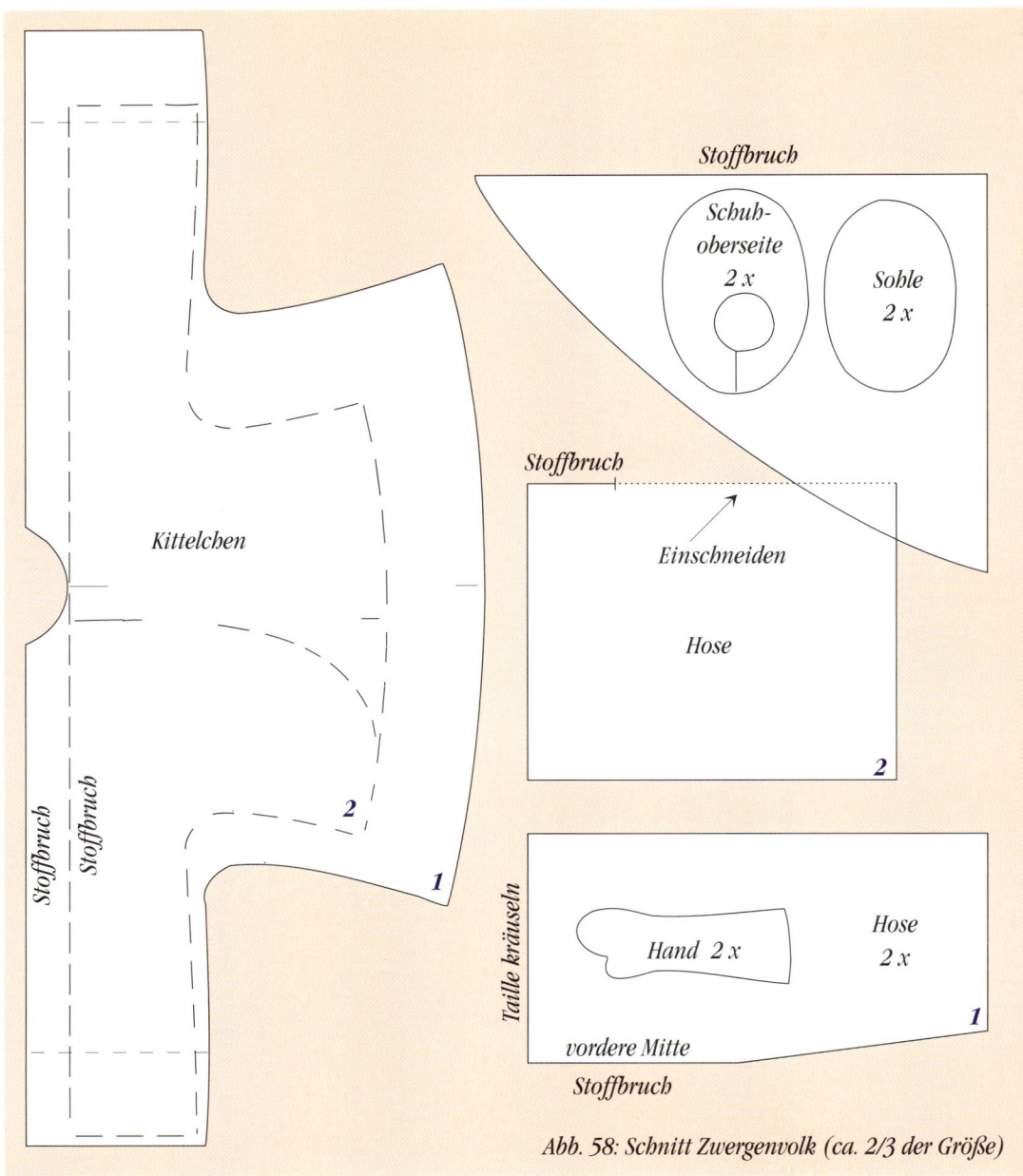

Abb. 58: Schnitt Zwergenvolk (ca. 2/3 der Größe)

Abb. 59: Zwei Zwerge mit einem Töpfchen

Abb. 60: Stellen für Augen und Mund

Kleider und Schuhe

• Wenn man Körper, Hände und Beine des Zwerges nicht zu dick macht und die Kleider dafür etwas geräumiger näht, kann man diese zunächst vollständig anfertigen und sie dem Zwerg dann anziehen. Beim alten Zwerg und bei Tomte werden die Kleider direkt um den Körper herumgenäht.

• Den Schnitt von Abb. 58 auf 150 % vergrößern. Auf Abb. 57 sind Zwerge mit verschiedenen Kleidungsstücken zu sehen. In Abb. 58 sind davon zwei Möglichkeiten als Schnitt gegeben. Man kann selbst entscheiden, ob man ein Kittelchen machen will oder ein Jäckchen, das vorne offen ist.

Die Teile aus Filz zuschneiden und die Kanten mit Stickseide in Festonstich umnähen. Zuerst die Hose zunähen und am Bund einen Reihfaden einziehen. Die Hose über die Beine ziehen und durch Zusammenzie-

hen des Reihfadens befestigen. Besseren Halt erreicht man durch zusätzliches Festnähen.

• Die Jacke zusammennähen, aber die Vorderseite offen lassen. Das Jäckchen anziehen und die vordere Naht mit Festonstich schließen. Auch das Oberteil mit einigen Stichen am Körper befestigen.

• Man kann die Kanten der Kleider mit andersfarbigem Garn im Festonstich schmücken.

• Die Proportion von Kopf und Mütze sollte stimmen. Gegebenenfalls die Mütze anpassen. Die Mütze ausschneiden, in Festonstich um den unteren Rand zusammennähen, am Zipfel ein Glöckchen befestigen.

• Die Schuhe bestehen aus Sohle und Oberteil. Die Sohlen etwas größer als die Füße ausschneiden (siehe Schnitt in Abb. 58). Das Oberteil von hinten einschneiden und am «Knöchel» etwas ausschneiden. Das Oberteil mit Festonstich an die Sohle nähen, den Schuh über den Fuß streifen und auch die Rückseite schließen.

Gesicht

• Für den Bart ein Stück ungesponnener Wolle oder Kammgarn aufbauschen und mit ganz kleinen Stichen festnähen. Auch an Stirn und Nacken ein wenig Wolle annähen. Danach die Mütze annähen.

• Die Lage von Augen und Mund kann man bestimmen, indem man drei Stecknadeln in das Gesicht steckt und den Sitz so lange korrigiert, bis er einem richtig erscheint. Die Augen sollen in der Mitte des Gesichtes liegen, auch wenn das etwas tief erscheint (siehe Abb. 60). Augen und Mund mit Buntstiften zeichnen und Wangen rosa andeuten.

Alter Zwerg ↕ 22 cm

► *Eisendraht (1,5 mm dick), Kammgarn, ungesponnene Wolle, Trikot, Untertrikot, Glöckchen*

• Das Gestell, Hände, Füße und Kopf wie auf Seite 50 ff. beschrieben anfertigen (siehe auch Abb. 61). Wie man in Abb. 63 sieht, hat dieser Zwerg eine kräftige Knollennase (siehe auch Abb. 56d).

• Die Schuhe nicht aus Einzelteilen herstellen, sondern ein Stück dunklen Trikotstoff unter den Fuß legen, um den Fuß nach oben falten und binde um den Knöchel zubinden. Der Fuß wird etwas dicker, wenn man vorher noch etwas Wolle darumwickelt.

• Dieser Zwerg hat recht große Hände und Füße. Da die Ärmel und Hosenbeine straff um den Leib sitzen, müssen die Kleider direkt um den Körper genäht werden.

• Die Kleider werden nach dem Schnitt auf Abb. 62 auf 150% vergrößert. Als Stoff empfiehlt sich farbiger Trikotstoff, z. B. von alten T-Shirts. Die Teile mit 0,5 cm Nahtzugabe zuschneiden.

• Die Nähte der Hose nach innen falten und heften. Die Hose um die Beine legen und Hosenbeine und Rücknaht überwendlich zunähen. Einen Heftfaden durch den Hosenbund ziehen, zusammenziehen und den Faden am Leib vernähen. Den Heftfaden an den anderen Nähten entfernen.

• Die Jacke an der Rückseite aufschneiden. Weiter wie bei der Hose beschrieben.

• Die Ärmel am Handgelenk und die untere Kante der Jacke an der Hose festnähen.

• Die Mütze zusammennähen und auf dem Kopf befestigen.

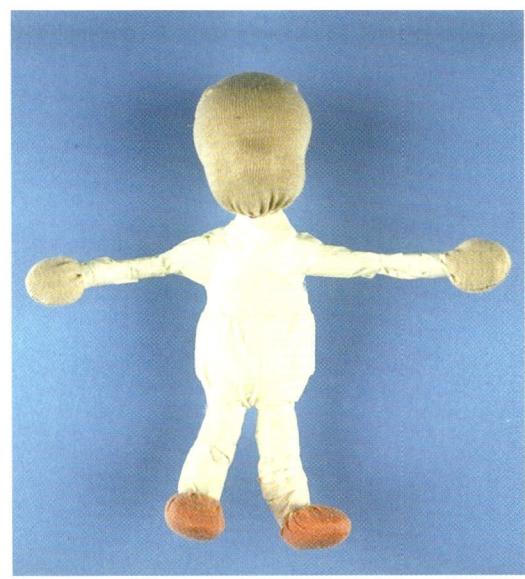

Abb. 61: Alter Zwerg, Körper und Kopf

• Die tief liegenden Augen und die große Nase erfordern recht deutliche Augen, die aufgemalt oder gestickt werden können.

• Bart, Schnurrbart und Augenbrauen aus Wolle mit feinen Stichen annähen.

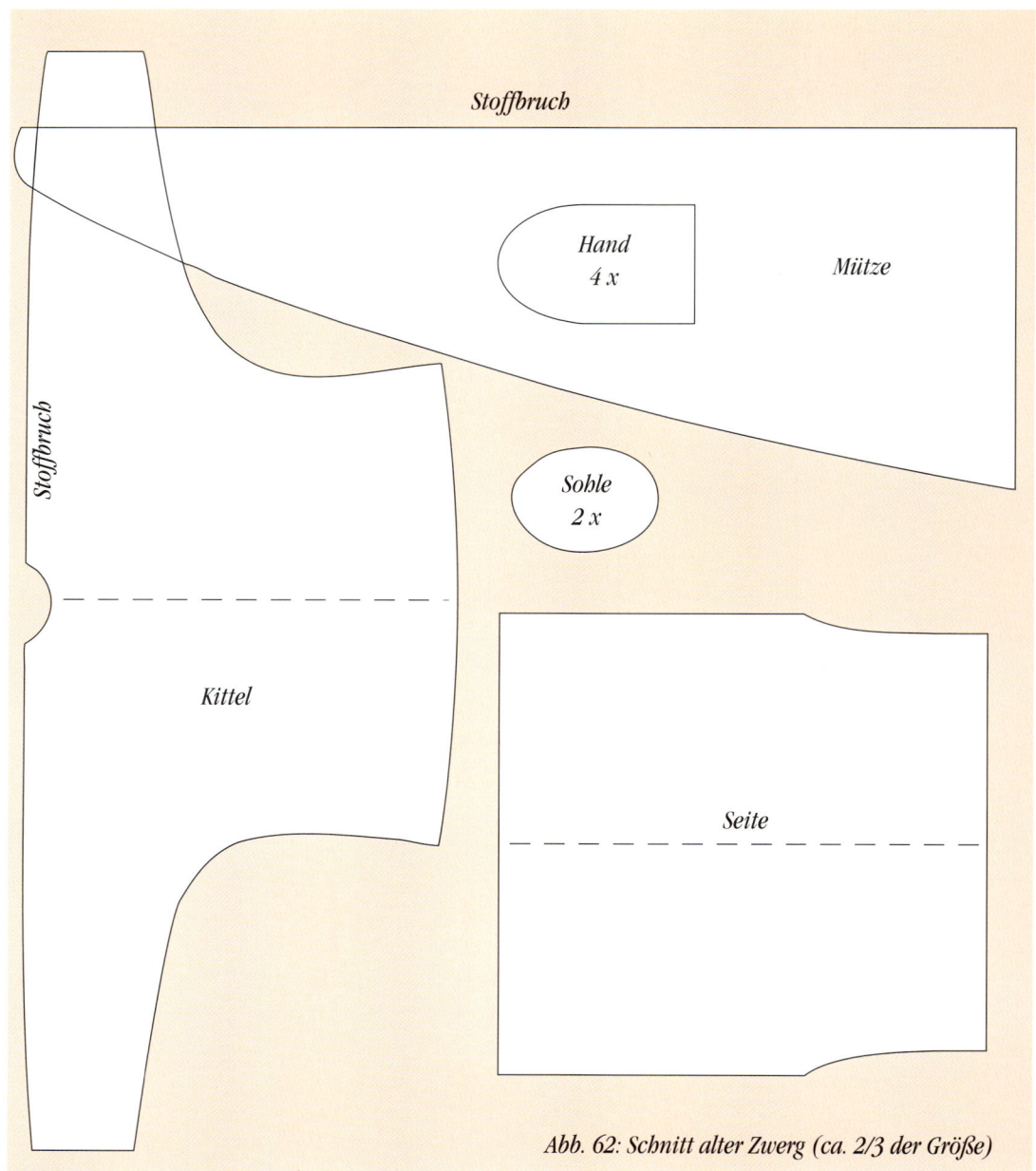

Stoffbruch

Stoffbruch

Hand
4 x

Mütze

Soble
2 x

Kittel

Seite

Abb. 62: Schnitt alter Zwerg (ca. 2/3 der Größe)

Abb. 63: Alter Zwerg

61

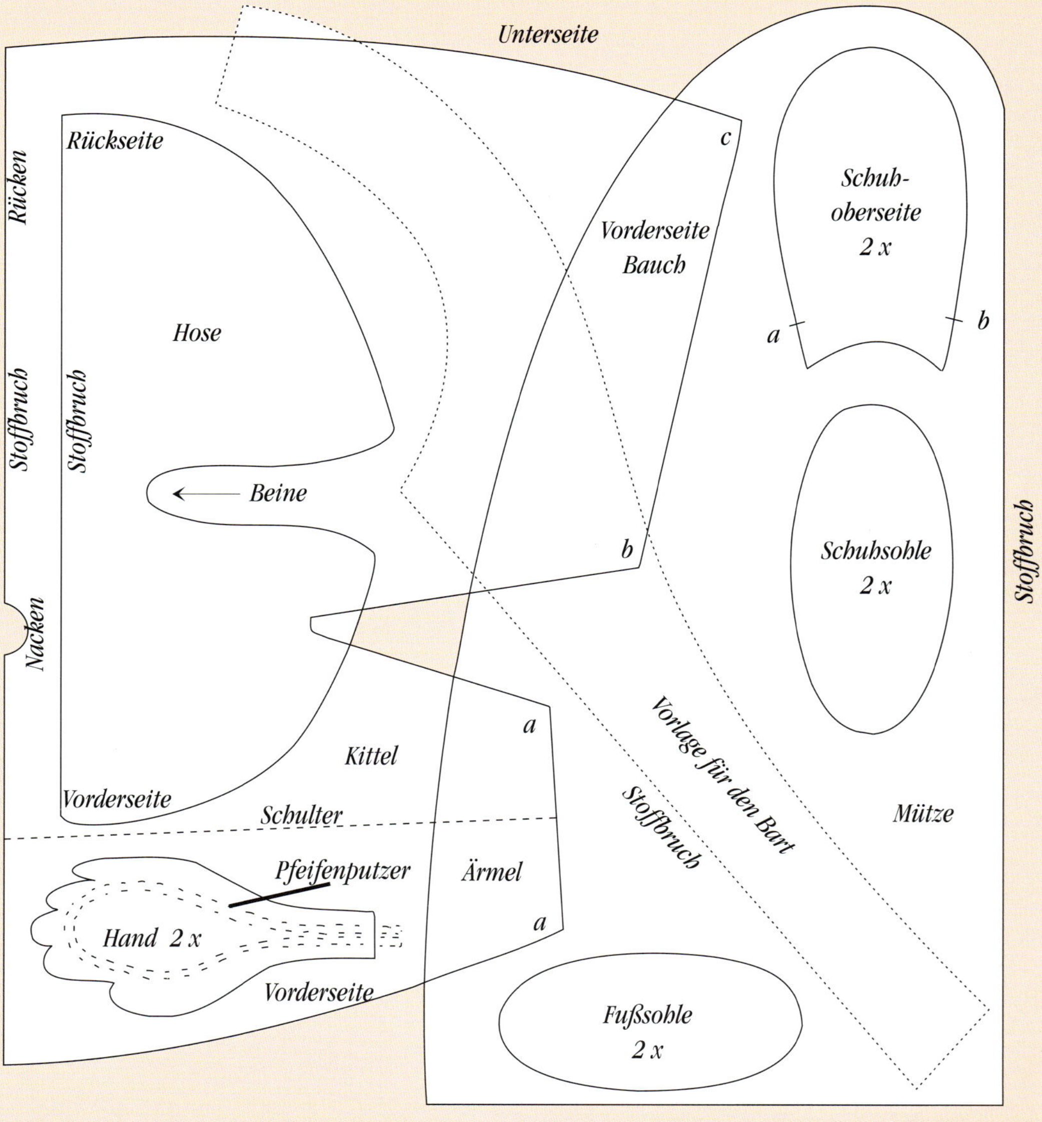

Abb. 64: Schnitt Tomte Tummetott

Tomte Tummetott ⌐ 20 cm

► *Modelliermasse auf Holzbasis, Eisendraht, Küchenpapier, Malerkrepp, Schafwolle, Trikot, Tüll, Styroporkugel (5 cm Durchmesser), Plakatfarbe.*

Tomte Tummetott ist ein Wichtel, der im fernen Schweden auf einem alten, einsamen Bauernhof wohnt. Astrid Lindgren schreibt über ihn in dem schönen Bilderbuch mit Illustrationen von Harald Wiberg (erschienen im Oetinger Verlag).

Zuerst wird der Kopf gemacht; er kann trocknen, während man mit dem Körper beschäftigt ist. Am besten zieht man den Körper erst ganz an und klebt dann den Kopf auf den Hals. Erst zum Schluss kommen Bart und Mütze hinzu.

Abb. 65 / 66: Herstellen des Kopfes

Kopf

• Weil Tomte eine große hervorstehende Nase und ein markantes Gesicht hat, muss sein Kopf modelliert werden. Eine Modelliermasse auf Holzbasis ist dafür ideal, vor allem, weil sie nicht so schwer ist. Sie besteht aus Sägemehl und Leim. Man sollte darauf achten, welches Holz verwendet wurde. Dem Holzmehl wird etwas Wasser hinzugefügt, dann knetet man, bis die Masse geschmeidig und gut formbar geworden ist.

• Eine Styroporkugel von ungefähr 5 cm Durchmesser wird auf einen Ständer gesteckt.

• Die Kugel ganz mit der Modelliermasse umhüllen (Abb. 65). Die Schicht darf jedoch nicht zu dick sein, sonst kann die Masse nach unten absacken.

• Nach Belieben etwas Masse hinzufügen und das Gesicht formen; ein Spatel leistet dabei gute Dienste.

Abb. 67 / 68: Herstellen des Körpers

Charakteristisch an dem Gesicht sind die vorstehende Nase und die großen Wangenflächen (siehe Abb. 66). Da Mund und Kinn nicht zu sehen sind, müssen sie nicht ausgearbeitet werden.

• Den Ständer mit dem Kopf an einen trockenen, nicht zu warmen Platz stellen und mindestens 24 Stunden trocknen lassen. An einem zu warmen Platz (z.B. am Ofen) besteht die Gefahr, dass der Kopf reißt.

• Wenn der Kopf getrocknet ist, kann er wie Holz bearbeitet und geschliffen werden. Bei Tomte muss nur das Gesicht geschliffen werden, da alles andere nachher nicht mehr sichtbar ist.

Bekleiden des Gestelles

• Den Körper wie auf Seite 50 und 52 beschrieben anfertigen. Den Hals umwickeln, bis er so dick wie der Ständer ist, auf dem der Kopf steckt.

• Tomte hat einen großen, runden Rücken. Daher bekommt die Rückseite wenigstens doppelt so viel Füllung wie die Vorderseite. Weil sein Kittel schön rund und prall sein soll, wird der Papierleib noch mit mehreren Lagen gezupfter Wolle verstärkt, die man zur Befestigung mit Faden umwickelt (Abb. 67 und 68).

Hände, Beine und Pantoffeln

• Den Schnitt von Abb. 64 auf 150% vergrößern. Die Hände ausschneiden, ein Stück rundgebogenen Pfeifenputzer zwischen die beiden Handstücke legen und aneinander nähen. Die Finger aufsticken, die Hand mit wenig Wolle füllen und am Arm festnähen (siehe Abb. 70).

• Tomte hat ganz dünne, krumme Beine. Man umwickelt dafür die Eisendrahtbeine mit Wolle in dunkler Farbe, bis sie die richtige Dicke haben.

Abb.69: Tomte Tummetott

Abb. 70: Herstellen der Hände

• Die großen Pantoffeln werden direkt an die Füße genäht. Sohlen und Oberseiten ausschneiden und sie zwischen den Punkten *a* und *b* zusammennähen. Die Pantoffeln über die Füße ziehen, an der Oberseite etwas Wolle hineinfüllen und zunähen. Als Schaft wird ein ca. 1 cm breiter Filzstreifen um die Knöchel gelegt, den man an Beinen und Pantoffeln annäht.

Kleider

• Die Teile vom Schnitt in Abb. 64 ausschneiden. Die Hose am Körper feststecken, die Nähte nach innen umschlagen und alles festnähen.
• Den Hals (ohne Kopf) durch die Halsöffnung des Jäckchens stecken, die Seiten (*b-c*) unter den Armen durch falten und aneinander festnähen. Die Ärmel um die Arme legen und zunächst nur feststecken. Sie werden, wie die vordere Naht, erst geschlossen, wenn die Jacke richtig sitzt.
• Die untere Kante nach innen umschlagen und kräuseln, so dass der Leib schön rund wird. Eventuell muss noch Wolle nachgefüllt werden.
• Die Mütze zusammennähen und locker mit Wolle fülen. Der Zipfel wird abgebunden.

Fertigstellen des Kopfes

• Das getrocknete Gesicht wird glattgeschliffen und mit Plakatfarbe bemalt. Zur Probe ein Paar Augen aus Papier ausschneiden und Pupillen aufmalen. Die Augen mit Stecknadeln am Kopf feststecken, bis der richtige Platz gefunden ist. Die Umrisse auf das Gesicht zeichnen, die Papiere entfernen und die Augen aufmalen. Zum Schutz überzieht man das Gesicht mit einer dünnen Schicht aus klarem Mattlack.
• Den Kopf auf dem Hals festleimen.
• Damit der Bart die richtige Form hat, wird die gut auseinander gezupfte Wolle auf die Bartvorlage aus Tüll aufgenäht und im Gesicht angeklebt.
• Die Mütze ankleben; sie reicht bis an die Augenbrauen heran.

Zwerge aus anderen Materialien

Zwerge mit einem Körper aus Nüssen

► *Haselnüsse und Walnüsse mit Schalen, Filz, Perlen, ungesponnene Wolle oder Watte*

Diese Zwerglein passen sehr gut auf einen Herbsttisch und können auch schon von kleineren Kindern leicht gebastelt werden. Die größeren Zwerge haben einen Walnussleib und einen Kopf aus Haselnuss, die kleineren einen Haselnusskörper und einen Kopf aus einer Perle. Man kann diese Zwerge natürlich auch aus Kastanien und Eicheln machen, aber sie schrumpeln dann recht schnell.

• Jäckchen und Mütze sind aus einem Stück und halten Kopf und Körper zusammen.
• Die kleine oder die größere Jacke von Abb. 71 wird ausgeschnitten – je nachdem, welche Nüsse verwendet werden –, die Rückseite näht man zu.
• Die Mütze an die Stirn kleben; den Leim gut trocknen lassen. Dann das Jäckchen an der Seite der Nuss festkleben, die als Körper dient.
• Den Stoff im Nacken etwas einkräuseln.
• Etwas Filz auf ein Stück Karton kleben. Daraus Schuhe ausschneiden, die unten an die Nuss geklebt werden. Man kann auch Bienenwachs verwenden, damit die Zwerge nicht umfallen.
• Die Zwerge bekommen einen Bart aus Wolle oder Watte.

Abb. 71: Zwerge mit einem Körper aus Nüssen
Abb. 72: Schnitt Nusszwerg

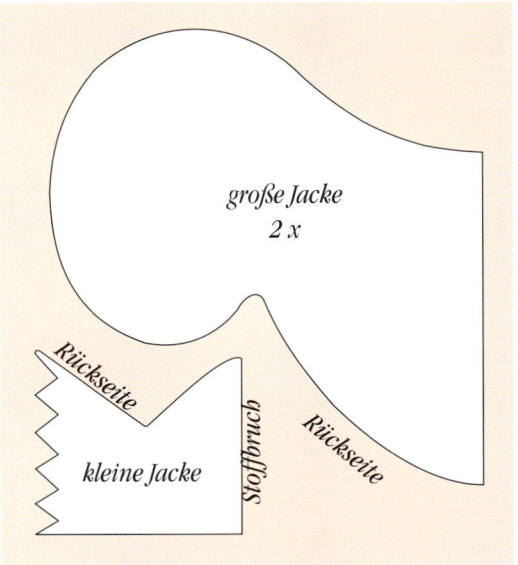

große Jacke
2 x

Rückseite

Stoffbruch

Rückseite

kleine Jacke

Abb. 73: Vorbereitung Zwerge aus Ästen

Zwerge aus Ästen ↕ 9 – 11 cm

▶ *Äste (ca. 2 – 3 cm Durchmesser), Moos, Maishaar oder Wolle, Plakatfarbe, Lack, Säge, Taschenmesser, Schleifpapier*

In Grünanlagen oder im Wald reißt der Sturm immer wieder Äste ab oder Bäume werden zurückgeschnitten. Es müssen also nicht extra Äste abgeschnitten werden! Zweige mit dünner Rinde und aus hellem Holz sind am besten geeignet.

• Die Äste sollten schön glatt sein. Länge und Durchmesser des Asts bestimmen die Größe des Zwerges. Bevor der Zwerg die endgültige Länge erhält, werden Kopf und Mütze bearbeitet. Dadurch hat man beim Arbeiten ein langes Stück zum Festhalten.

• Die Mützen werden mit Plakatfarbe angemalt und nach dem Trocknen lackiert.

Auf Abb. 73 und 75 sind verschiedene Zwerge gezeigt. Einige kann man an Ort und Stelle herstellen. Der Feuerzwerg (A) geht am schnellsten.

• Aus einem nicht zu dicken Astende wird die Zipfelmütze geschnitzt.

• Die Rinde schält man mit der Messerspitze an der Stelle ab, wo das Gesicht sein soll.

• Die Mütze wird angemalt, Augen und Mund zeichnet man auf das Gesicht.

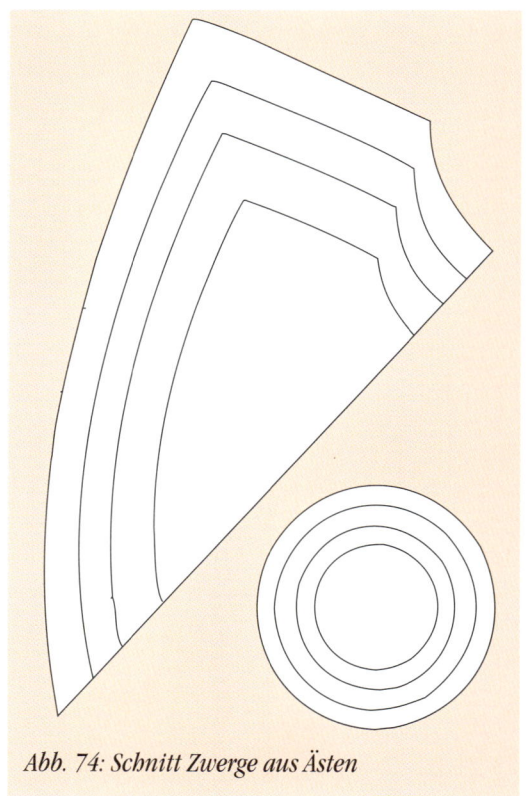

Abb. 74: Schnitt Zwerge aus Ästen

Abb. 75: Zwerge aus Ästen

Auch aus einem schräg durchgesägten Ast entsteht ganz leicht ein Zwerg (B).
• Den Zweig sehr schräg durchsägen und die Schnittstelle schön glattschleifen.
• Danach die Unterseite gerade abschneiden (Abb. 73).
• Mit weißer bzw. bunter Farbe Bart und Mütze auf die schräge Fläche malen. Dazwischen ein Gesicht einzeichnen.
• Die bemalten Flächen lackieren.

Die Mütze des Zwerges C wurde mit einem Taschenmesser abgerundet. Zu Hause kann man das natürlich auch mit einer Feile tun.
• Danach am Gesicht die Rinde entfernen und einen Bart aus Moos oder Maishaar ankleben.

Schließlich gibt es noch die Zwerge mit Filzmützen (D):
• Das Ende des Astes schräg abschneiden und die Rinde vom Gesicht schälen.
• Die Höhe der Mütze hängt u.a. von der Dicke des Astes ab. Auf Abb. 74 gibt es einen Schnitt für die Zipfelmütze. Die Kreise zeigen den Durchmesser der Äste; der kleinste Kreis gehört zur kleinsten Mütze.

Zwergentransparente ⫠ 26 cm

▶ *Nagelschere oder Messer mit scharfer Spitze, farbiger Karton, farbiges Seidenpapier, Gräser, Zweige oder getrocknete Blumen*

Diese Transparente werden ans Fenster gehängt. Die Transparente mit Gräsern und verschiedenfarbigem Seidenpapier sind nur als Beispiel gedacht. Besonders das Gräsertransparent kann auch gut von Kindern angefertigt werden. Es muss nicht so perfekt werden. Das Transparent aus Seidenpapier ist etwas komplizierter und eignet sich gut als Geschenk.

• Den äußeren Rand des Bildes zeichnet man auf einen Karton.
• Das Bild oder Muster wird aufgezeichnet; alles darum herum wird weggeschnitten, aber so, dass das Bild am äußeren Rand stabil bleibt. Für Kinder ist es einfacher, die Form auszuschneiden und sie dann auf die Rückseite eines Rahmens zu kleben.

Transparent aus farbigem Seidenpapier
• Die Zeichnung von Abb. 77 mit einem Kopierer vergrößern oder einen eigenen Entwurf zeichnen.
• Die Zwischenräume zwischen den Zwergen, die Innenfläche der Mützen usw. mit einem kleinen Teppichmesser ausschneiden. In Abb. 76 ist deutlich zu sehen, welche Partien ausgeschnitten werden müssen.
• An die Kartonrückseite klebt man hellblaues Seidenpapier. Dabei wird im Bildinnern nur an einzelnen Stellen, am Rand aber überall Klebstoff aufgebracht.
• Von hinten schneidet man das hellblaue Seidenpapier an den Stellen wieder weg, die eine andere Farbe bekommen sollen und ersetzt es durch Papier in

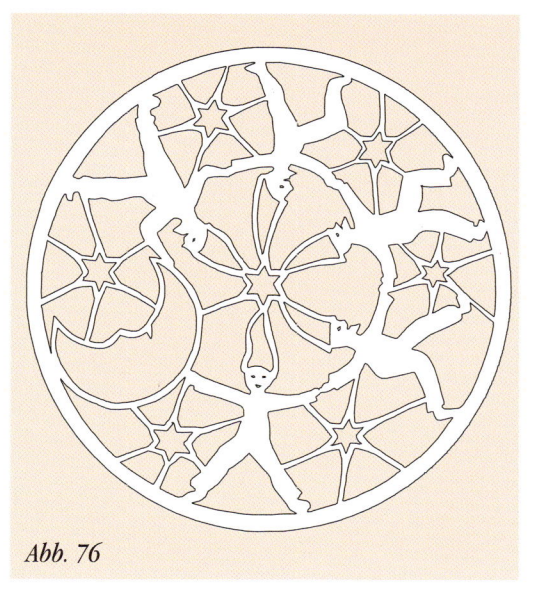

Abb. 76

Abb. 77

Abb. 78

Abb. 79

der gewünschten Farbe. Überstehende Reste werden abgeschnitten. Je breiter die Stege zwischen den Bildern sind, desto einfacher kann das Seidenpapier angeklebt werden.

Andererseits können natürlich mit dünnen Rändern schöne Resultate erzielt werden.

Transparent mit Gräsern

(siehe Abb. 78 und 79)

• Weißes Seidenpapier oder Transparentpapier wird als Hintergrund in den Rahmen geklebt.

• Getrocknete Gräser oder Blumen mit Klebestreifen an den unteren Rand kleben und die Stiele mit einer passenden Form aus Karton bedecken.

Abb. 80: Ausschneiden der Girlanden

Zwergengirlanden oder Fensterschmuck

▶ *farbiges Papier*

Wenn die Girlande lang werden soll, ist eine größere Menge Papierstreifen nötig.

• Einen etwa 12 cm breiten Papierstreifen ausschneiden und im Zickzack zur Breite der Abbildung zusammenfalten. Die beiden oberen Girlanden auf Seite 73 sind 5 cm breit, die untere 7 cm.

• Als Schablone zeichnet man einen Zwerg wie z.B. auf Abb. 81 auf ein stabiles Stück Papier in der Größe des Zickzack-Päckchens. Hände und Füße müssen bis an den Rand reichen (siehe Abb. 80). Dann schneidet man die Schablone aus.

• Die Umrisse der Schablone werden auf das Papierpäckchen übertragen. Die Form wird ausgeschnitten, ohne an den Seiten die Hände und Füße zu durchschneiden. Wenn man jetzt das Bild auseinanderfaltet, halten sich die Zwerge an den Händen.

• Wenn man mehrere Streifen zurechtschneidet und -klebt, erhält man eine Girlande in beliebiger Länge.

• Eine lange Girlande reißt nicht so schnell, wenn man einen Faden hindurchzieht.

Abb. 81 (Seite 73): Zwergengirlanden

Stickereien

Wandläufer mit Zwergen ↕ 11cm

▶ *Webband (Aidaband) zum Besticken (11 cm breit, 6 Kreuzstiche pro cm), Stickgarn aus Baumwolle in den Farben Rot, Orange, Rosa, Hellgelb, Dunkelgelb, Grau, Beige, Hell-, Mittel-, Dunkel- und Moosgrün, Hellblau, Mittelblau.*

• Webband kann man als Meterware mit oder ohne Webkante zum Verzieren kaufen.
• Man beginnt 4 cm innerhalb des linken Randes und mit dem sechsten Loch von unten (oder von der Webkante) zu sticken.

• Nur mit zwei Fäden aus dem Garn sticken. Jedes Kästchen auf dem Zählmuster in Abb. 83 entspricht einem Kreuz- oder einem Heftstich. Der zweite Zwerg wird spiegelbildlich gestickt (siehe Abb. 82).
• Der Läufer kann von beliebiger Länge sein.
• Die Farben können variiert werden.
Besonders schön ist dieser Schmuck über einem Kinderbettchen.

Abb. 82

Abb. 83: Zählmuster für den bestickten Läufer

Abb. 84: Zählmuster für das bestickte Kissen

Abb. 85: Besticktes Kissen

Kissen

▶ *Stramin (45 x 45 cm, 20 Kreuzstiche pro 11 cm), Stickgarn oder dicke Strickwolle (für Nadeln Nr. 3) in den Farben Hellgelb, Dunkelgelb, Orange, Altrosa, Hellrot, Dunkelrot, Hellbraun, Rotbraun, Braun, Hellgrün, Mittelgrün, Grün, Dunkelgrün.*

• In einer Ecke, ungefähr 6 cm innerhalb der Seiten- und Unterkante beginnen.
• Im Kreuzstich sticken und die Fäden nicht zu stark anziehen.
• Jedes Kästchen in dem Zählmuster auf Abb. 84 entspricht einem Kreuzstich. Das Muster (Abb. 84) zeigt ein Viertel des Kissens.
• Das Kissen wird 35 x 35 cm groß. Man beginnt damit, den Rand des Bildes mit Dunkelgrün zu sticken und arbeitet in den verschiedenen Farben weiter auf die Mitte zu.
• Den überstehenden Stramin bis auf einen Rand von ca. 2 cm abschneiden.
• Den Rand nach innen umschlagen und die Stickerei auf ein Kissen oder eine Kissenhülle von 35 x 35 cm aufnähen.

Wandteppich (50 x 50 cm)

▶ *Stramin, Filz und / oder Flanell in verschiedenen Farben, Vlieseline, Stickseide*

Ein Wandteppich ist ein hübscher Schmuck für das Kinderzimmer. Manche älteren Kinder können schon mithelfen und einfachere Formen aufnähen.
Wichtig ist, das Bild zunächst ganz zu entwerfen und dann erst mit dem Aufnähen zu beginnen.
• Als Untergrund dient ein Stück Stramin. Die Bäume und das Gras werden aus Filz oder Flanell gebildet. Flanell ist fester und franst weniger aus, wenn er vorher auf Vlieseline aufgebügelt wird.
• Die großen Flächen wie Gras, Baumstamm, Blätter und Tannen ausschneiden. Auf den Hintergrund legen und verschieben, bis es hübsch aussieht. Mit wenigen großen Stichen am Hintergrund festheften.
• Den Schnitt aus Abb. 87 auf 200 % vergrößern. Die Zwerge und die Tiere ausschneiden und über das Bild verteilen. Die Zwerge im Vordergrund sind etwas größer als die im Hintergrund. Die Figuren mit je einem Stich anheften. Sonne, Wolken, Blumen und Vögel ausschneiden und festheften.
• Jetzt alle Teile mit Festonstich annähen, mit den Grasflächen und den Bäumen anfangen.
• Den Zwergen Gesichter sticken und Bärte aus Wolle anfertigen.
• Zum Schluss überall Blumen und Gräser aufsticken.
• Den Rand des Stramins nach hinten umfalten und mit kleinen Stichen festnähen. Das Bild wird stabiler, wenn man von der Rückseite einen Futterstoff dagegen näht. Wenn man durch die obere und die untere Naht einen Stab schiebt oder oben zwei Schlaufen anbringt, kann das Werk aufgehängt werden.

Abb. 86: Wandbehang

Abb. 87